펀드투자권유 대행인

부동산펀드

금융투자협회
Korea Financial Investment Association

자격시험 안내

1. 펀드투자권유대행인의 정의

투자자를 상대로 집합투자증권(파생상품 등은 제외)의 매매를 권유하거나 투자자문계약, 투자일임계약 또는 신탁계약(파생상품등에 투자하는 특정금전신탁계약 등은 제외)의 체결을 권유하는 업무를 수행하는 인력

2. 응시자격

금융회사 종사자, 학생, 일반인 등

3. 시험과목 및 문항수

시험과목		세부 교과목	문항수
제1과목	**펀드투자**	펀드 · 신탁의 이해	15
		투자관리	10
		펀드평가	10
소 계			35
제2과목	**투자권유**	펀드 관련 법규	10
		영업실무	10
		직무윤리	10
		투자권유와 투자자분쟁예방	10
		투자권유 사례분석	5
소 계			45
제3과목	**부동산펀드**	부동산펀드 법규	5
		부동산펀드 영업	15
소 계			20
시험시간		120분	100 문항

* 종전의 증권펀드투자상담사(간접투자증권판매인력)의 자격요건을 갖춘 자는 제1과목(펀드투자), 제2과목 (투자권유) 면제

* 종전의 부동산펀드투자상담사의 자격요건을 갖춘 자는 전과목 면제

4. 시험 합격기준

60% 이상(과목별 40점 미만 과락)

■ 한국금융투자협회는 금융투자전문인력의 자격시험을 관리 · 운영하고 있습니다.
금융투자전문인력 자격은 「자본시장과 금융투자업에 관한 법률」 등에 근거하고 있으며,
「자격기본법」에 따른 민간자격입니다.

■ 자격시험 안내, 자격시험접수, 응시료 및 환불 규정 등에 관한 자세한 사항은
한국금융투자협회 자격시험접수센터 홈페이지(https://license.kofia.or.kr)를 참조해
주시기 바랍니다.
(자격시험 관련 고객만족센터: 02-1644-9427, 한국금융투자협회: 02-2003-9000)

contents

part 02

부동산펀드
영업

part 01

부동산펀드 법규

chapter 01

부동산펀드 법규

부동산펀드의 정의

자본시장법 제229조(집합투자기구의 종류)

집합투자기구는 집합투자재산의 운용대상에 따라 다음 각 호와 같이 구분한다.

1. 증권집합투자기구 : 집합투자재산의 100분의 40 이상으로서 대통령령으로 정하는 비율을 초과하여 증권(대통령령으로 정하는 증권을 제외하며, 대통령령으로 정하는 증권 외의 증권을 기초자산으로 한 파생상품을 포함한다. 이하 이 조에서 같다)에 투자하는 집합투자기구로서 제2호 및 제3호에 해당하지 아니하는 집합투자기구

2. 부동산집합투자기구 : 집합투자재산의 100분의 40 이상으로서 대통령령으로 정하는 비율을 초과하여 부동산(부동산을 기초자산으로 한 파생상품, 부동산 개발과 관련된 법인에 대한 대출, 그 밖에 대통령령으로 정하는 방법으로 부동산 및 대통령령으로 정하는 부동산과 관련된 증권에 투자하는 경우를 포함한다. 이하 이 조에서 같다)에 투자하는 집합투자기구

3. 특별자산집합투자기구 : 집합투자재산의 100분의 40 이상으로서 대통령령으로 정하는 비율을 초과하여 특별자산(증권 및 부동산을 제외한 투자대상 자산을 말한다)에 투자하는 집합투자기구
4. 혼합자산집합투자기구 : 집합투자재산을 운용함에 있어서 제1호부터 제3호까지의 규정의 제한을 받지 아니하는 집합투자기구
5. 단기금융집합투자기구 : 집합투자재산 전부를 대통령령으로 정하는 단기금융상품에 투자하는 집합투자기구로서 대통령령으로 정하는 방법으로 운용되는 집합투자기구

자본시장법은 '부동산집합투자기구(이하 '부동산펀드'라 함)'를 '집합투자재산(이하 '펀드재산'이라 함)의 50%를 초과하여 부동산 등(부동산을 기초자산으로 하는 파생상품, 부동산 개발과 관련된 법인에 대한 대출, 그 밖에 대통령령으로 정하는 방법으로 부동산 및 대통령령으로 정하는 부동산과 관련된 증권에 투자하는 경우를 포함)에 투자하는 집합투자기구(이하 '펀드'라 한다)'로 정의하고 있다(법 제229조 제3호, 영 제240조 제3항~제5항).

자본시장법은 펀드재산을 부동산 등에 투자함에 있어서 부동산을 직접 취득하는 방법으로 투자하는 경우뿐만 아니라 그 밖에 여러 다양한 방법에 의한 부동산 투자를 허용하고 있다. 이에 따라 부동산의 관리 및 개량, 부동산의 임대 및 운영, 부동산의 개발, 부동산과 관련된 권리에 투자하는 경우도 부동산 투자의 범위에 포함된다.

또한 부동산 개발과 관련된 법인에 대한 대출, 부동산과 관련된 금전채권에 대한 투자, 부동산과 관련된 증권에 대한 투자, 부동산을 기초자산으로 한 파생상품에 대한 투자 등도 부동산펀드에 해당하는 것으로 규정하고 있다.

이와 같이 자본시장법은 부동산 실물에 직접 투자하는 경우 뿐만 아니라 부동산과 관련된 다양한 자산에 투자하는 경우와 부동산과 관련된 대출 등의 행위도 부동산펀드의 투자대상 범위로 규정함으로써 그 범위를 넓게 확대하고 있다. 이를 통해 부동산과 관련된 여러 다양한 자산에 투자할 수 있는 펀드의 개발이 가능해졌으며, 특히 시장 변화에 대처할 수 있는 상품의 개발이 용이해졌다고 볼 수 있다.

부동산펀드의 법적 형태에 따른 구분

자본시장법상 펀드는 법적 형태에 따라 7가지의 유형[1]으로 구분할 수 있다. 마찬가지로 부동산펀드 또한 이러한 법적 형태에 따른 분류기준을 적용하여 구분하고 있다. 신탁업자로 하여금 그 집합투자업자의 지시에 따라 투자·운용하게 하는 신탁형태의 '부동산 투자신탁'과 상법에 따른 주식회사 형태의 '부동산 투자회사', 유한회사 형태의 '부동산 투자유한회사', 합자회사 형태의 '부동산 투자합자회사', 유한책임회사 형태의 '부동산 투자유한책임회사', 합자조합 형태의 '부동산 투자합자조합', 익명조합 형태의 '부동산 투자익명조합' 등으로 나누어진다.

집합투자업자는 위와 같은 부동산펀드의 법적 형태 중에서 한 가지를 자유롭게 선택하여 부동산펀드를 설정·설립할 수 있다. 이러한 부동산펀드들은 법적 형태에 따른 차이를 제외하고는 기본적으로 동일한 내용을 가지고 있고, 동일한 기능을 수행한다.

부동산펀드는 일반적으로 설립의 용이성 등으로 인해 투자신탁의 형태로 설립되고 있다.[2] 다만 부동산펀드가 직접 개발사업 시행자로서 부동산 개발사업에 투자하는 경우 등 펀드 운용상의 필요에 따라 법인격이 있는 투자유한회사나 투자회사의 형태가 활용되기도 한다. 투자신탁형의 경우 소유권을 비롯한 권리가 수탁은행의 명의로 되어 있어 개발사업에 따르는 각종 위험과 민원 등을 수탁은행이 직접 부담하게 된다는 문제 등이 있기 때문이다. 기존에는 '부동산투자회사(리츠)'와의 영역구분을 위해 투자회사재산의 70%를 초과하여 부동산에 투자하는 투자회사형식의 부동산펀드 설립이 법적으로 불가능해 투자유한회사 형식을 통해 개발형 부동산펀드를 설립하는 사례들이 있었으나, 자본시장법 개정으로 인해 해당 규제가 폐지되어 투자회사를 활용하는 것도 가능해졌다.

부동산펀드뿐만 아니라 모든 유형의 펀드는 자본시장법이 허용하는 다양한 법적 형태를 활용할 수 있다. 다만 펀드는 법적 형태에 따라 펀드의 속성과 관련된 일부 규정을 제외하고는 상법의 관련 규정의 적용을 받기 때문에 최초 설립 시 이러한 차이점을 충분히 고려하여야 한다.

자본시장법상의 부동산펀드를 법적 형태에 따라 구분하는 경우, 각각의 부동산펀드를 설정·설립하는 주체와 해당 주체가 작성해야 하는 집합투자규약 및 발행증권의 형태는 다음과 같다.

---

1 투자신탁, 투자회사, 투자유한회사, 투자합자회사, 투자유한책임회사, 투자합자조합, 투자익명조합
2 2023년 9월 말 기준 전체 부동산펀드(2,444개) 중에서 투자신탁형이 2,197개로 다수를 차지하고 있으며, 투자회사형 147개, 투자유한회사형 100개가 있음

부동산펀드 구분	설정 · 설립 주체	집합투자규약	발행증권 형태
부동산 투자신탁	집합투자업자가 설정	신탁계약서	수익증권
부동산 투자회사	발기인이 설립	정관	주식
부동산 투자유한회사	집합투자업자가 설립	정관	지분증권
부동산 투자합자회사	집합투자업자가 설립	정관	지분증권
부동산 투자유한책임회사	집합투자업자가 설립	정관	지분증권
부동산 투자합자조합	집합투자업자가 설립	조합계약	출자증권
부동산 투자익명조합	집합투자업자가 설립	익명조합계약	출자증권

　부동산펀드의 법적형태별 발행증권(집합투자증권)을 보면 부동산투자신탁은 수익증권, 부동산투자회사는 주식, 부동산투자유한회사와 부동산투자합자회사와 부동산투자유한책임회사는 지분증권, 그리고 부동산투자합자조합과 부동산투자익명조합은 출자증권을 발행한다. 자본시장법에서 "지분증권"이란 주권, 신주인수권이 표시된 것, 법률에 의하여 직접 설립된 법인이 발행한 출자증권, 「상법」에 따른 합자회사 · 유한책임회사 · 유한회사 · 합자조합 · 익명조합의 출자지분, 그 밖에 이와 유사한 것으로서 출자지분 또는 출자지분을 취득할 권리가 표시된 것을 말한다(법 제4조제4항). 그리고 "수익증권"이란 금전신탁계약에 의한 수익권이 표시된 수익증권(법 제110조), 투자신탁의 수익권을 균등하게 분할한 수익증권(법 제189조), 그 밖에 이와 유사한 것으로서 신탁의 수익권이 표시된 것을 말한다(법 제4조제5항).

section 03 부동산펀드의 관련 당사자 및 주요 역할

　자본시장법상의 부동산펀드를 법적 형태에 따라 구분하는 경우, 각각에 해당하는 부동산펀드 관련 당사자 및 그 주요 역할은 다음과 같다.

부동산펀드 구분	관련 당사자 [주요 역할]
부동산 투자신탁	• 집합투자업자 [펀드 설정주체 / 펀드 운용주체] • 신탁업자 [펀드재산 보관 · 관리주체] • 수익자 / 수익자총회 [투자자] • 업무수탁자 　＊ 투자매매업자 · 투자중개업자 [펀드 판매주체] 　＊ 일반사무관리회사 [펀드 일반사무업무주체]
부동산 투자회사	• 발기인 [펀드 설립주체] • 이사 및 이사회 　＊ 법인이사(집합투자업자) 1인 [펀드 대표 역할 및 펀드업무 집행] 　＊ 감독이사 2인 이상 [펀드 감독업무] • 주주 및 주주총회 [투자자] • 업무수탁자 　＊ 법인이사인 집합투자업자 [펀드 운용주체] 　＊ 신탁업자 [펀드재산 보관 · 관리주체] 　＊ 일반사무관리회사 [펀드 일반사무업무주체] 　＊ 투자매매업자 · 투자중개업자 [펀드 판매주체] • 청산인 및 청산감독인 [펀드 청산주체]
부동산 투자유한회사	• 집합투자업자 [펀드 설립주체] • 이사 　＊ 법인이사(집합투자업자) 1인 [펀드 대표 역할 및 펀드업무 집행] • 사원 / 사원총회 [투자자] • 업무수탁자 　＊ 법인이사인 집합투자업자 [펀드 운용주체] 　＊ 신탁업자 [펀드재산 보관 · 관리주체] 　＊ 일반사무관리회사 [업무위탁 시 펀드 일반사무업무주체] 　＊ 투자매매업자 · 투자중개업자 [펀드 판매주체] • 청산인 및 청산감독인 [펀드 청산주체]
부동산 투자합자회사	• 집합투자업자 [펀드 설립주체] • 사원 / 사원총회 　＊ 무한책임사원(업무집행사원인 집합투자업자) 1인 [투자자 / 펀드 대표 역할 및 펀드업무 집행] 　＊ 유한책임사원 [투자자] • 업무수탁자 　＊ 업무집행사원인 집합투자업자 [펀드 운용주체] 　＊ 신탁업자 [펀드재산 보관 · 관리주체] 　＊ 일반사무관리회사 [업무위탁 시 펀드 일반사무업무주체] 　＊ 투자매매업자 · 투자중개업자 [펀드 판매주체] • 청산인 및 청산감독인 [펀드 청산주체]

부동산투자
유한책임회사
	• 집합투자업자 [펀드 설립주체]
	• 사원 / 사원총회
	  * 사원 또는 비사원인 업무집행자(집합투자업자) 1인 [펀드 대표 역할 및 펀드
	    업무 집행]
	  * 사원 [투자자]
	• 업무수탁자
	  * 업무집행자인 집합투자업자 [펀드 운용주체]
	  * 신탁업자 [펀드재산 보관·관리주체]
	  * 일반사무관리회사 [업무위탁 시 펀드 일반사무업무주체]
	  * 투자매매업자·투자중개업자 [펀드 판매주체]
	• 청산인 및 청산감독인 [펀드 청산주체]

부동산투자합자조합	• 집합투자업자 [펀드 설립주체]
	• 조합원 / 조합원총회
	  * 무한책임조합원(업무집행조합원인 집합투자업자) 1인 [투자자 / 펀드 대표
	    역할 및 펀드업무 집행]
	  * 유한책임조합원 [투자자]
	• 업무수탁자
	  * 업무집행조합원인 집합투자업자 [펀드 운용주체]
	  * 신탁업자 [펀드재산 보관·관리주체]
	  * 일반사무관리회사 [업무위탁 시 펀드 일반사무업무주체]
	  * 투자매매업자·투자중개업자 [펀드 판매주체]
	• 청산인 [펀드 청산주체]

부동산투자익명조합	• 집합투자업자 [펀드 설립주체 / 펀드 운용주체]
	• 영업자(집합투자업자) 1인 [펀드 대표 역할 및 펀드업무 집행 / 펀드 운용주체]
	• 익명조합원 / 익명조합원총회 [투자자]
	• 업무수탁자
	  * 신탁업자 [펀드재산 보관·관리주체]
	  * 일반사무관리회사 [업무위탁 시 펀드 일반사무업무주체]
	  * 투자매매업자·투자중개업자 [펀드 판매주체]
	• 청산인 [펀드 청산주체]

　펀드에는 펀드의 운용을 담당하는 집합투자업자가 필수적으로 존재해야 한다. 또한 2인 이상의 투자자로부터 모은 금전 등을 보관하고 관리하는 신탁업자와 판매를 담당하는 투자매매업자나 투자중개업자가 반드시 필요하다. 위의 표에서 보는 바와 같이 펀드의 법률적인 형태가 다르더라도 펀드의 설정·설립 및 운용을 담당하는 당사자는 공통적으로 존재한다.

　원칙적으로 펀드에서는 투자자 평등의 원칙에 따라 이익분배 등에 대해 투자자를 차별대우할 수 없지만, 다음과 같은 예외는 인정하고 있다.

　먼저 집합투자기구의 법적 형태가 갖고 있는 본래의 성격 차이에 따라 예외를 인정하는 경우이다. 우선 투자합자회사의 경우 정관이 정하는 바에 따라 이익을 배당함에 있어서 무한책임사원과 유한책임사원의 배당률 또는 배당순서 등을 달리 정할 수 있다(법 제217조 제4항). 마찬가지로 투자합자조합의 경우에도 조합계약으로 정하는 바에 따라 이익을 배당함에 있어서 무한책임조합원과 유한책임조합원의 배당률 또는 배당순서 등을 달리 정할 수 있다(법 제223조 제5항). 다만, 투자합자회사와 투자합자조합이 손실을 배분할 경우 무한책임사원(조합원)과 유한책임사원(조합원)의 배분율 또는 배분순서를 다르게 정할 수 없다(법 제217조 제5항, 법 제223조 제6항).

또한 적격투자자[3]만 투자가 가능한 일반 사모집합투자기구(이하 '일반 사모펀드'라 한다)의 경우에는 일반투자자가 자유롭게 투자할 수 있는 공모펀드에 비해 규제를 대폭 완화하고 있다. 일반 사모펀드에서는 집합투자규약에서 투자자간 손익의 순위와 분배에 대해 다르게 정할 수 있도록 하여 운용사의 재량권을 폭넓게 인정하고 있다(법 제249조의8 제8항). 이에 따라 일반 사모펀드는 집합투자규약에서 정하는 바에 따라 특정 투자자에 대해서 일정 수준의 분배금을 우선적으로 받을 수 있도록 하거나, 손실을 우선적으로 감수할 수 있도록 투자자별 차이를 둘 수[4] 있다. 이를 통해 기대수익률과 위험부담의 수준이 각각 다른 투자자들을 하나의 펀드에서 함께 투자하도록 유도할 수 있게 되어 원활한 펀드 운용이 이루어질 수 있다.

section 04   환매금지형 부동산펀드

원칙적으로 자본시장법상 펀드의 투자자는 언제든지 집합투자증권의 환매를 청구할 수 있다(법 제235조 제1항). 다만 이러한 규정에 불구하고 존속기간을 정한 펀드에 대해서는 중도에 환매를 청구할 수 없는 펀드를 설정·설립할 수 있다(법 제230조 제1항).

자본시장법은 펀드의 투자대상 자산의 현금화가 곤란한 사정 등을 고려하여 부동산펀

---

3 적격투자자는 자본시장법령에 열거되어 있는 전문투자자 중에서 대통령령으로 정하는 자와 집합투자규약에 따라 펀드별로 3억 원 또는 5억 원 이상을 투자하는 일반투자자를 말한다. 일반투자자의 최소 투자규모는 펀드가 부담하는 총레버리지의 한도에 따라 200% 이하의 경우 3억 원, 200%를 초과하는 경우에는 5억 원으로 규정하고 있다.

4 이를 위해 종류형펀드 형태가 아닌 1개의 일반 사모펀드가 2개 이상의 기준가격을 산정하여 투자자별 손익분배 등을 차등한다고 집합투자규약에 명시할 경우 하나의 사모펀드가 2개 이상의 기준가격을 산정하여 사용할 수 있다.

드에 대해서는 환매금지형 펀드로만 설정·설립하도록 규정 하고 있다(법 제230조 제5항)[5]. 다만 부동산펀드를 설립하는 경우에도 금융위원회가 정하여 고시하는 시장성 없는 자산[6]에 투자하지 않는 펀드를 설정·설립하는 경우에는 환매금지형 펀드로 설정하지 않아도 된다(영 제242조 제2항). 이는 특별자산펀드와 혼합자산펀드도 마찬가지로 적용된다.

환매금지형 부동산펀드를 공모로 설정·설립할 경우 투자신탁의 신탁계약 또는 투자회사의 정관에 투자자의 환금성 보장 등을 위한 별도의 방법을 정하지 아니하였다면, 해당 집합투자증권을 최초로 발행한 날부터 90일 이내에 이를 증권시장에 상장하여야 한다(법 제230조 제3항). 다만, 그 법적 형태가 투자신탁 또는 투자회사가 아닌 다른 공모부동산펀드(부동산투자유한회사, 부동산투자합자회사, 부동산투자유한책임회사, 부동산투자합자조합, 부동산투자익명조합)인 경우에는 상장의무가 없으며, 사모부동산펀드에도 해당 규정이 적용되지 않는다.

환매금지형 부동산펀드는 존속기간을 정하도록 하고 있기 때문에 존속기간이 도래하면 원칙적으로 해산하여야 한다. 다만 투자하고 있는 자산이 현금화되기 어려운 사정이 있는 경우 등이 있으면 수익자총회 등을 통해 존속기간을 연장할 수 있다. 또한 환매금지형 부동산펀드는 기존 투자자의 이익을 해할 우려가 없는 등 다음의 사유가 있는 경우에만 집합투자증권을 추가로 발행할 수 있다(법 제230조 제2항, 영 제242조).

❶ 환매금지형펀드로부터 받은 이익분배금의 범위에서 그 집합투자기구의 집합투자증권을 추가로 발행하는 경우
❷ 기존 투자자의 이익을 해칠 염려가 없다고 신탁업자로부터 확인을 받은 경우
❸ 기존 투자자 전원의 동의를 받은 경우

---

5 1. 부동산펀드
   2. 특별자산펀드
   3. 혼합자산펀드
   4. 자산총액의 20%를 초과하여 금융위원회가 고시하는 시장성 없는 자산에 투자하는 펀드
   5. 일반투자자를 대상으로 하는 펀드(MMF, ETF 제외)로서 자산총액의 50%를 초과하여 금융위원회가 고시하는 자산에 투자하는 펀드
6 자본시장법에 따른 부동산(부동산을 기초로 한 파생상품이나 부동산과 관련된 증권 등 시가 또는 공정가액으로 조기에 현금화가 가능한 경우를 제외), 특별자산(관련 자산의 특성 등을 고려하여 시가 또는 공정가액으로 조기에 현금화가 가능한 경우를 제외), 그리고 다음의 어느 하나에 해당하지 아니하는 증권은 시장성 없는 자산에 해당한다(금융투자업규정 제7-22조 제1항).
   가. 증권시장 또는 외국시장에 상장된 증권
   나. 채무증권
   다. 파생결합증권
   라. 모집 또는 매출된 증권
   마. 환매를 청구할 수 있는 집합투자증권

❹ 기존 투자자에게 집합투자증권의 보유비율에 따라 추가로 발행되는 집합투자증권의 우선 매수기회를 부여하는 경우

❺ 위 ❹에 따라 기존 투자자에게 집합투자증권의 우선 매수기회를 부여하였으나 매수되지 아니한 집합투자증권이 있는 경우로서 기존 투자자가 아닌 자에게 매수기회를 부여하는 경우

section 05 **부동산펀드의 투자대상**

1 개요

자본시장법은 펀드재산의 50%를 초과하여 '부동산' 실물에 투자하는 경우 뿐만 아니라, '부동산과 관련된 자산(부동산과 관련된 권리, 부동산과 관련된 증권, 부동산을 기초자산으로 한 파생상품을 의미)'에 투자하는 경우와, '부동산과 관련된 투자행위(부동산 개발과 관련된 법인에 대한 대출을 의미)'를 하는 경우에도 부동산펀드로서의 법적 요건을 충족하는 것으로 규정하고 있다[7](법 제229조, 영 제240조 제3항 및 제4항). 다만 부동산펀드의 최초 설정일 또는 설립일로부터 1년[8]까지는 해당 투자비율을 적용하지 아니한다(법 제81조 제4항, 영 제81조 제4항).

자본시장법상의 투자비율 요건을 충족한 경우 부동산펀드는 나머지 재산을 '증권 및 특별자산' 등 다른 자산에 자유롭게 투자할 수 있다. 그러나 실제로 대부분의 펀드 재산은 부동산 및 그와 관련된 증권이나 대출 등에만 주로 운용되고 있으며, 일부는 펀드의 운영

---

7 [자본시장법] 제229조(집합투자기구의 종류) 집합투자기구는 집합투자재산의 운용대상에 따라 다음 각 호와 같이 구분한다.
   2. 부동산집합투자기구 : 집합투자재산의 100분의 40 이상으로서 대통령령으로 정하는 비율을 초과하여 부동산(부동산을 기초자산으로 한 파생상품, 부동산 개발과 관련된 법인에 대한 대출, 그 밖에 대통령령으로 정하는 방법으로 부동산 및 대통령령으로 정하는 부동산과 관련된 증권에 투자하는 경우를 포함한다. 이하 이 조에서 같다)에 투자하는 집합투자기구
   [자본시장법 시행령] 제240조(집합투자기구의 종류별 최소투자비율 등)
   ③ 법 제229조제2호에서 "대통령령으로 정하는 비율"이란 100분의 50을 말한다.
8 특별자산펀드는 6개월, 그 밖의 펀드는 1년이 적용된다.

및 관리에 필요한 자금으로 활용되고 있다. 기타 여유자금은 돌발적인 자금 상황에 대비하여 주로 예금이나 콜론, RP 등 유동성 자산에 투자하는 것이 일반적이다.

| **2** | **부동산펀드 투자대상으로서의 부동산 등** |

자본시장법에 따라 부동산펀드 펀드재산의 50%를 초과하여 투자해야 하는 투자대상자산과 투자행위의 구체적인 내용은 다음과 같다.

1) 부동산

❶ 부동산펀드에는 ① 부동산, ② 부동산을 기초자산으로 한 파생상품, ③ 부동산개발과 관련된 법인에 대한 대출, ④ 그 밖에 시행령에서 정하는 방법으로 부동산과 시행령에서 정한 부동산과 관련된 증권에 투자할 수 있다(법 제229조 제2호).

부동산에 대해서는 자본시장법에서 명시적으로 규정하고 있지 않으므로, 민법(제99조 제1항)에서 규정하고 있는 부동산의 개념인 '토지와 그 정착물'로 이해할 수 있을 것이다.[9]

여기에서 '토지'란 일정한 지면과 이 지면의 상·하(지상과 지하)를 의미하며, '정착물'이란 토지에 고정되어 사용되는 물건으로서 건물, 수목, 교량, 돌담, 도로의 포장 등을 의미한다.

❷ 부동산에 투자하는 방법으로는 단순히 부동산을 취득하여 매각하는 방법 외에도 다음의 방법으로 부동산에 투자하는 것도 가능하다(영 제240조 제4항).

ㄱ. 부동산의 개발

ㄴ. 부동산의 관리 및 개량

ㄷ. 부동산의 임대 및 운영

ㄹ. 지상권·지역권·전세권·임차권·분양권 등 부동산 관련 권리의 취득

ㅁ.「기업구조조정 촉진법」 제2조 제3호에 따른 채권금융기관이 채권자인 금전채권(부동산을 담보로 한 경우만 해당한다)의 취득

ㅂ. ㄱ.부터 ㅁ.까지의 어느 하나에 해당하는 방법과 관련된 금전의 지급

---

9 [민법] 제99조(부동산, 동산) ①토지 및 그 정착물은 부동산이다.

❸ 부동산펀드가 주로 투자하는 부동산은 오피스빌딩, 상가, 호텔, 물류센터 등 임대료를 수취하는 수익형 부동산이며, 기존에 건축되어 운영 중인 부동산 외에 개발단계에 있는 부동산에 투자하는 사례도 찾아볼 수 있다. 또한 시행령 개정을 통해 2015년 10월부터 시행령 개정을 통해 '부동산을 운영'하는 방식으로 투자가 가능하게 되어 호텔, 리조트 등을 부동산펀드가 직·간접적으로 운영할 수 있게 되었다.

❹ 부동산을 기초자산으로 한 파생상품은 그 손익구조가 기초자산인 부동산에 의해 결정되기 때문에 자본시장법은 이를 부동산펀드의 투자대상 자산에 해당하는 것으로 규정하고 있다.

2) 부동산과 관련된 증권

자본시장법령에서 정하는 부동산과 관련된 증권은 다음과 같다(법 제229조 제2호).

❶ 다음 어느 하나에 해당하는 자산이 신탁재산, 집합투자재산 또는 유동화자산의 50% 이상을 차지하는 경우에는 그 수익증권, 집합투자증권 또는 유동화증권
  ㄱ. 부동산
  ㄴ. 지상권·지역권·전세권·임차권·분양권 등 부동산 관련 권리
  ㄷ. 「기업구조조정 촉진법」 제2조 제3호에 따른 채권금융기관(「금융산업의 구조개선에 관한 법률」에 따른 금융기관이었던 자로서 청산절차 또는 「채무자 회생 및 파산에 관한 법률」에 따른 파산절차가 진행 중인 법인을 포함)이 채권자인 금전채권(부동산을 담보로 한 경우만 해당)[10]

❷ 「부동산투자회사법」에 따른 부동산 투자회사가 발행한 주식

❸ 특정한 부동산을 개발하기 위하여 존속기간을 정하여 설립된 회사(이하 '부동산 개발회사')가 발행한 증권

❹ '부동산', 부동산 매출채권(부동산의 매매·임대 등에 따라 발생한 매출채권), 부동산 담보부채권'을 기초로 하여 「자산유동화에 관한 법률」 제2조 제4호에 따라 발행된 유동화증권으로서, 그 기초자산의 합계액이 「자산유동화에 관한 법률」 제2조 제3호에 따른 유동화자산 가액의 70% 이상인 유동화증권[11]

---

10 여신금융기관이 대주인 부동산 담보부채권에 한해 부동산 관련 자산으로 인정하며 그 외의 대출채권은 특별자산으로 분류된다.

11 MBS로 통칭되는 모기지채권으로 채권형 펀드들에서 투자하는 것이 일반적이나 모기지채권의 비중이

❺ 「한국주택금융공사법」에 따른 주택저당채권담보부채권 또는 주택저당증권(「한국 주택금융공사법」에 따른 한국주택금융공사 또는 제79조 제2항 제5호 가목부터 사목까지의 금융기관[12]이 지급을 보증한 주택저당증권을 말함)

❻ 다음 요건을 갖춘 회사(부동산 투자목적회사)가 발행한 지분증권
  ㄱ. 부동산 또는 다른 부동산 투자목적회사의 투자증권에 투자하는 것을 목적으로 설립될 것
  ㄴ. 부동산 투자목적회사와 그 종속회사(「주식회사 등의 외부감사에 관한 법률 시행령」 제3조 제1항에 따른 종속회사를 말함)가 소유하고 있는 자산을 합한 금액 중 부동산을 합한 금액이 90% 이상일 것

3) 부동산과 관련된 투자행위

자본시장법은 '부동산 개발과 관련된 법인에 대한 대출'을 부동산펀드의 투자대상으로 명시하고 있다. 일반적으로 '대출'은 여신금융기관의 업무범위에 속하기 때문에 펀드는 직접 대출을 실행할 수 없으며, 여신금융기관에서 이미 실행된 대출채권을 매입하는 방식으로 투자가 가능하다. 다만 부동산펀드는 운용특성을 감안하여 부동산 개발사업을 수행하는 법인의 개발사업비에 대해서는 예외적으로 직접 대출을 허용하고 있다.

개발사업비에 대한 대출은 프로젝트금융에 해당하며 이러한 프로젝트의 사업성이 사실상 대출금 상환을 좌우하게 된다. 따라서 담보가치 보다는 '투자성'에 대한 판단이 더욱 중요한 측면이 있다. 이러한 점을 감안하여 일반적인 여신과는 달리 '부동산 개발과 관련된 법인에 대한 대출'을 투자의 방법으로 허용한 것이다. 여기에서 부동산 개발과 관련된 법인에는 일반적인 개발사업 시행법인 외에도 부동산신탁업자 및 「부동산투자회사법」에 따른 부동산투자회사, 다른 부동산펀드가 포함된다.

펀드재산의 50%를 초과하면 부동산펀드로 분류된다.

12 은행, 한국산업은행, 중소기업은행, 한국수출입은행, 투자매매업자 또는 투자중개업자, 증권금융회사, 종합금융회사

section 06 | 부동산펀드의 운용제한

자본시장법상 집합투자업자가 부동산펀드의 재산을 '부동산'에 운용하는 경우 다음과 같은 운용제한이 있다. 일반 사모부동산펀드의 경우 이러한 운용제한이 대부분 적용되지 않지만, 예외적으로 부동산의 처분과 관련된 사항에 대해서는 별도의 규제가 적용된다(법 제249조의7 제2항).

1 부동산펀드에서 부동산을 취득한 후 일정기간 내 처분제한

부동산펀드에서 취득한 부동산은 원칙적으로 다음 각각의 기간 내에 해당 부동산을 처분할 수 없다(법 제81조 제1항 제2호 가목).

❶ 국내에 있는 부동산 중「주택법」제2조 제1호에 따른 주택 : 1년. 다만, 집합투자기구가 미분양주택(「주택법」제54조에 따른 사업주체가 같은 조에 따라 공급하는 주택으로서 입주자모집공고에 따른 입주자의 계약일이 지난 주택단지에서 분양계약이 체결되지 아니하여 선착순의 방법으로 공급하는 주택을 말한다)을 취득하는 경우에는 집합투자규약에서 정하는 기간으로 한다.

❷ 국내에 있는 부동산 중「주택법」제2조 제1호에 따른 주택에 해당하지 아니

하는 부동산 : 1년

❸ 국외에 있는 부동산 : 집합투자규약으로 정하는 기간

위의 제한에도 불구하고 다음의 경우에는 예외적으로 일정기간 내 처분제한을 적용받지 않고 해당 부동산을 처분할 수 있다.

❶ 부동산 개발사업(토지를 택지·공장용지 등으로 개발하거나 그 토지 위에 건축물, 그 밖의 공작물을 신축 또는 재축하는 사업을 말함)에 따라 조성하거나 설치한 토지·건축물 등을 분양하는 경우

❷ 투자자 보호를 위하여 필요한 경우로서, 부동산펀드가 합병·해지 또는 해산되는 경우

2 부동산펀드에서 토지를 취득한 후 처분제한

❶ 부동산펀드는 원칙적으로 건축물, 그 밖의 공작물이 없는 토지를 취득한 경우에는 그 토지에 대하여 부동산 개발사업을 시행하기 전에 처분하는 행위를 할 수 없다(법 제81조 제1항 제2호 나목).

❷ 부동산펀드는 예외적으로 다음에 해당하는 경우에는 해당 토지를 처분할 수 있다.

ㄱ. 부동산펀드가 합병·해지 또는 해산되는 경우

ㄴ. 투자자 보호를 위하여 필요한 경우로서, 부동산 개발사업을 하기 위하여 토지를 취득한 후 관련 법령의 제정·개정 또는 폐지 등으로 인하여 사업성이 뚜렷하게 떨어져서, 부동산 개발사업을 수행하는 것이 곤란하다고 객관적으로 증명되어 그 토지의 처분이 불가피한 경우

3 부동산 외의 자산에 대한 운용제한(부동산과 관련된 자산)

❶ '부동산과 관련된 권리'에 대하여는 자산운용상의 제한이 없다. 실물 부동산의 경우 취득 이후 처분제한 기간이 있지만, 부동산 관련 권리의 경우 언제든지 처분이 가능하다. 금전채권에 대해서도 거래상대방 한도 등과 같은 제한 사항이 적용되지 않는다.

❷ '부동산과 관련된 증권'과 관련하여 부동산 개발회사가 발행한 증권과 부동산투자목적회사가 발행한 증권, 주택저당채권담보부채권, 주택저당증권의 경우에는 공·사모펀드 구분 없이 펀드재산의 100분의 100까지 투자가 가능하다. 또한 부동산 개발회사, 부동산 투자목적회사의 지분증권에 대해서는 동일법인 발행지분증권 투자제한이 적용되지 않는다.

반면에 부동산 및 부동산과 관련된 권리 또는 부동산담보부금전채권에 50% 이상 투자하는 수익증권이나 집합투자증권, 유동화증권, 「부동산투자회사법」에 따른 부동산 투자회사가 발행한 주식, 「자산유동화에 관한 법률」에 따른 자산유동화증권에 대해서는 자본시장법 제81조에 따른 투자한도 규제를 적용받는다는 점을 유의해야 한다.

❸ '부동산을 기초자산으로 하는 파생상품'에 투자하는 경우 해당 파생상품이 헤지 목적이 아니라면 파생상품위험평가액이 펀드순자산액(자산총액에서 부채총액을 차감)의 100%를 초과할 수 없고(일반 사모펀드의 경우에는 400%까지 가능), 위험평가액이 펀드순자산액의 10%를 초과하는 경우에는 파생형 부동산펀드로 설정하여야 한다.

4 　일반 사모부동산펀드의 운용제한

사모펀드의 경우 공모펀드와 달리 자본시장법상 운용제한 사항이 적용되지 않는 경우가 대부분이다. 다만 예외적으로 일반 사모집합투자업자가 일반 사모부동산펀드를 운용할 경우 적용되는 규제도 있다(법 제249조의7 제2항, 영 제271조의10).

일반 사모부동산펀드가 국내 부동산을 취득한 후 1년 이내[13]에 이를 처분(부동산을 취득한 투자목적회사가 발행한 주식 또는 지분을 처분하는 것을 포함)하는 행위는 금지된다. 다만 부동산개발사업에 따라 조성하거나 설치한 토지·건축물 등을 분양하는 경우, 투자자 보호를 위하여 필요한 경우로서 일반 사모부동산펀드가 합병·해지 또는 해산되는 경우에는 예외적으로 처분이 허용된다(영 제271조의10 제5항).

---

13 다만 집합투자기구가 미분양주택(「주택법」 제54조에 따른 사업주체가 같은 조에 따라 공급하는 주택으로서 입주자모집공고에 따른 입주자의 계약일이 지난 주택단지에서 분양계약이 체결되지 아니하여 선착순의 방법으로 공급하는 주택을 말한다)을 취득하는 경우에는 집합투자규약에서 정하는 기간(영 제271조의10 제4항)

또한 건축물, 그 밖의 공작물이 없는 토지로서 그 토지에 대하여 부동산개발사업을 시행하기 전에 이를 처분하는 행위도 금지된다.[14] 다만 다음의 경우에는 예외적으로 처분이 허용된다.

❶ 일반 사모부동산펀드가 합병·해지 또는 해산되는 경우

❷ 투자자 보호를 위하여 필요한 경우로서 부동산개발사업을 하기 위하여 토지를 취득한 후 관련 법령의 제정·개정 또는 폐지 등으로 인하여 사업성이 뚜렷하게 떨어져서 부동산개발사업을 수행하는 것이 곤란하다고 객관적으로 증명되어 그 토지의 처분이 불가피한 경우

section 07 **부동산펀드의 운용 특례**

1 **부동산의 취득·처분 시 운용 특례**

집합투자업자는 펀드재산으로 부동산을 취득하거나 처분하는 경우에는 다음 사항이 포함된 '실사보고서'를 작성·비치하여야 한다(법 제94조 제3항, 영 제97조 제5항).

❶ 부동산의 현황

❷ 부동산의 거래 가격

❸ 부동산의 거래비용

❹ 부동산과 관련된 재무자료

❺ 부동산의 수익에 영향을 미치는 요소

❻ 담보권 설정 등 부동산과 관련한 권리의무관계에 관한 사항

❼ 실사자에 관한 사항

---

14 해당 규제는 공모부동산펀드와 동일하다.

2 　금전의 차입

자본시장법상 펀드는 펀드재산을 운용함에 있어서 원칙적으로 해당 펀드의 계산으로 금전을 차입할 수 없다(법 제83조 제1항). 다만 예외적으로 펀드재산으로 부동산을 취득하는 경우(자본시장법상 부동산펀드는 운용하는 경우를 포함)에는 법령에서 규정하는 절차를 거쳐 금전 차입을 허용하고 있다(법 제94조 제1항).

부동산펀드에서 부동산 취득 시 금전의 차입을 허용한 사유

부동산펀드에서 부동산을 취득함에 있어 금전의 차입을 허용하는 것에 대해 레버리지 효과로 인해 부동산펀드의 위험을 확대시킬 수 있으나, 부동산을 취득함에 있어 자기자본만으로 취득하는 경우 보다는 일정 부분 타인자본을 활용하여 취득하는 것이 일반적이라는 현실을 수용한 것으로 볼 수 있다.

부동산펀드에서 부동산을 취득하는 경우에는 다음과 같은 방법에 따라 해당 부동산펀드의 계산으로 금전을 차입할 수 있다(영 제97조).

❶ 차입기관은 다음 중 어느 하나에 해당하는 곳일 것
　　ㄱ. 금융기관(은행, 한국산업은행, 중소기업은행, 한국수출입은행, 투자매매업자 또는 투자중개업자, 증권금융회사, 종합금융회사, 상호저축은행)
　　ㄴ. 보험회사
　　ㄷ. 「국가재정법」에 따른 기금
　　ㄹ. 다른 부동산펀드
　　ㅁ. ㄱ.부터 ㄹ.에 준하는 외국 금융기관 등
❷ 해당 차입기관에 대해 부동산을 담보로 제공하거나, 금융위원회가 정하여 고시하는 방법[15]으로 금전을 차입할 것

위 ❶ 및 ❷에도 불구하고 집합투자자 총회에서 위 ❶ 및 ❷의 방법과 다르게 의결한 경우에는 그 의결에 따라 금전을 차입할 수 있다. 부동산펀드는 펀드 순자산액의 200%

---

15 현재 별도로 고시하고 있지 않음

까지 차입이 가능하나, 다만 집합투자자 총회에서 다르게 의결한 경우에는 그 의결한 한도까지 차입이 가능하다. 부동산펀드가 아닌 펀드에서 차입하는 경우에는 펀드 순자산액의 70%까지 차입이 가능하며, 이 경우 부동산 가액의 평가는 집합투자재산평가위원회가 집합투자재산평가기준에 따라 정한 가액으로 한다(영 제97조 제7항).

❸ 부동산펀드에서 차입한 금전은 부동산에 운용하는 방법 외의 방법으로 운용하여서는 아니 된다. 다만 집합투자기구의 종류 등을 고려하여 차입한 금전으로 부동산에 투자할 수 없는 불가피한 사유가 발생하여 일시적으로 현금성자산에 투자하는 경우에는 부동산에 운용하는 방법 외의 방법으로 운용할 수 있다(영 제97조 제8항).

3 부동산 개발사업 시 운용특례

집합투자업자는 펀드재산으로 부동산 개발사업에 투자하고자 하는 경우 다음 사항이 포함된 '사업계획서'를 작성하여야 한다(법 제94조 제4항, 영 제97조 제6항).

❶ 부동산 개발사업 추진일정
❷ 부동산 개발사업 추진방법
❸ 건축계획 등이 포함된 사업계획에 관한 사항
❹ 자금의 조달·투자 및 회수에 관한 사항
❺ 추정손익에 관한 사항
❻ 사업의 위험에 관한 사항
❼ 공사시공 등 외부용역에 관한 사항
❽ 그 밖에 투자자를 보호하기 위하여 필요한 사항으로서 금융위원회가 정하여 고시하는 사항[16]

집합투자업자는 '사업계획서'를 작성하여 「감정평가 및 감정평가사에 관한 법률」에 따른 감정평가사 또는 감정평가법인으로부터 해당 사업계획서가 적정한지를 확인 받아야 하며, 이를 인터넷 홈페이지 등을 이용하여 공시하여야 한다.

---

16 현재 별도로 고시하고 있지 않음

4 　금전의 대여

자본시장법상 펀드는 펀드재산을 운용함에 있어서 Call Loan을 제외하고는 원칙적으로 펀드재산 중 금전을 대여하여서는 아니 된다(법 제83조 제4항). 다만 예외적으로 부동산펀드의 경우에는 펀드재산으로 '부동산 개발사업을 영위하는 법인(부동산 신탁업자, 「부동산 투자회사법」에 따른 부동산 투자회사, 다른 펀드를 포함)'에 대하여 다음의 요건을 모두 충족하는 경우에는 금전을 대여할 수 있다(법 제94조 제2항).

❶ 집합투자규약에서 금전의 대여에 관한 사항을 정하고 있을 것
❷ 집합투자업자가 부동산에 대하여 담보권을 설정하거나 시공사 등으로부터 지급보증을 받는 등 대여금을 회수하기 위한 적절한 수단을 확보할 것

부동산펀드에서 금전을 대여하는 경우, 그 대여금의 한도는 해당 부동산펀드의 순자산액의 100%로 한다(영 제97조 제4항).

부동산펀드에서 금전의 대여를 허용한 배경

부동산펀드의 펀드재산으로 부동산 개발사업을 영위하는 법인 등에 금전을 대여할 수 있도록 함으로써, 부동산펀드 운용의 다양성을 지원하고 또한 부동산 개발사업을 영위하는 법인 등에게 다양한 자금조달방안을 제공하고자 하는 정책적 고려에서 허용된 것으로 이해할 수 있다.

5 　제3자에 대한 업무위탁

금융투자업자는 원칙적으로 금융투자업과 관련하여 영위하는 업무의 일부를 제3자에게 위탁할 수 있다. 다만 준법감시인 업무, 위험관리책임자의 업무, 내부감사업무 등 내부통제업무[17]에 대해서는 이를 위탁할 수 없다. 이에 따라 부동산펀드의 집합투자업자도 관련 업무를 제3자에게 위탁할 수 있다(법 제42조 제1항).

원칙적으로 본질적 업무(해당 금융투자업자가 인가를 받거나 등록을 한 업무와 직접적으로 관련된 필수업무로서 대통령령으로 정하는 업무)를 제3자에게 위탁할 경우에는 위탁받는 자는 그 업무 수

---

17 해당 업무에 대한 의사결정권한까지 위탁하는 경우에만 해당한다.

행에 필요한 인가를 받거나 등록을 한 자이어야 한다. 다만 펀드재산의 운용·운용지시업무 중 부동산의 개발, 임대, 관리 및 개량 업무와 그에 부수하는 업무에 대해서는 이러한 제한을 두고 있지 않다(법 제42조 제4항, 영 제47조 제1항).

집합투자업자가 부동산펀드를 운용함에 있어 부동산의 개발, 임대, 관리 및 개량 업무와 그에 부수하는 업무를 위탁하고자 하는 경우에는 업무를 위탁받은 자가 해당 업무를 실제로 수행한 날부터 14일 이내에 다음의 서류를 첨부하여 금융위원회에 보고하여야 한다(영 제46조 제1항).[18]

❶ 업무위탁계약서 사본
❷ 업무위탁 운영기준
❸ 업무위탁계약이 금융투자업자의 경영건전성을 침해, 투자자 보호에 지장을 초래, 금융시장의 안정성을 저해, 금융거래질서를 문란하게 하는 경우에 해당하지 않으며, 업무위탁 운영기준에 위배되지 아니한다는 준법감시인의 검토의견 및 관련 자료
❹ 투자자 보호나 건전한 거래질서를 위하여 필요한 서류로서 금융위원회가 정하여 고시하는 서류[19]

다만 이미 보고한 내용을 일부 변경하는 경우로서 변경되는 내용이 경미한 경우 등 금융위원회가 정하여 고시하는 경우[20]에는 금융위원회가 보고시기 및 첨부서류 등을 다르게 정하여 고시한 바에 따라 보고할 수 있다(영 제46조 제1항 단서).

---

18 본질적 업무를 위탁한 경우에는 업무를 위탁받은 자가 해당 업무를 실제로 수행하려는 날의 7일 전까지 금융위원회에 보고해야 한다.
19 업무위탁의 필요성 및 기대효과, 업무위탁에 따른 업무처리절차의 주요 변경내용이 기재된 서류
20 1. 해당 금융투자업자가 이미 보고한 위탁내용과 동일한 내용이거나 수수료 변경, 계약기간의 변경(갱신하는 경우를 포함한다) 등 경미한 일부사항을 변경하는 경우
   2. 주된 업종이 동일한 다른 금융투자업자가 이미 보고한 위탁내용과 동일한 내용이거나 수수료 변경, 계약기간의 변경 등 경미한 일부사항을 변경하는 경우
   3. 해당 금융투자업자 또는 주된 업종이 동일한 다른 금융투자업자가 이미 보고한 위탁내용에 대해 관련되는 경미한 일부업무를 추가 또는 삭제하는 경우로서 위탁업무 범위의 동일성이 유지되는 경우
   4. 그 밖에 위탁내용이 해당 금융투자업자 또는 주된 업종이 동일한 다른 금융투자업자가 보고한 내용과 동일하거나 이에 준하는 것으로써 법 제42조 제3항 각호에 해당하지 아니함이 명백한 경우
   5. 계열회사인 집합투자업자(자기가 운용하는 집합투자기구의 집합투자증권에 대한 투자매매업·투자중개업 이외의 투자매매업·투자중개업 또는 신탁업을 겸영하지 아니하는 집합투자업자를 말한다) 간 업무를 위탁하는 경우

집합투자업자가 투자신탁재산으로 부동산을 취득하는 경우 「부동산등기법」 제81조를 적용할 때에는 그 신탁원부에 수익자를 기록하지 아니할 수 있다(법 제94조 제5항).

section 08   부동산의 평가

자본시장법에 따라 집합투자업자는 집합투자재산을 '시가'에 따라 평가하되, 평가일 현재 신뢰할 만한 시가가 없는 경우에는 '공정가액'으로 평가하여야 한다(법 제238조 제1항). 따라서 부동산펀드가 보유하는 부동산에 대해서도 원칙적으로 '시가'에 따라 평가하여야 하며, 평가일 현재 신뢰할 만한 시가가 없는 경우에는 '공정가액'으로 평가하여야 한다.

부동산의 경우에 있어서 '공정가액'이란 부동산의 취득 가격, 부동산의 거래 가격 및 「감정평가 및 감정평가사에 관한 법률」에 따른 감정평가법인등이 제공한 가격 등[21]을 고려하여 집합투자재산평가위원회가 충실업무를 준수하고 평가의 일관성을 유지하여 평가한 가액을 말한다. 다만, 일반적으로 부동산펀드는 환매금지형으로 설정[22]되고 있으며, 추가로 집합투자증권을 발행하지 않는 환매금지형펀드는 펀드의 기준가격을 산출할 의무가 없다(법 제230조 제4항). 따라서 이러한 요건을 충족한 부동산펀드는 기준가격 산출의무를 부담하지 않는다. 따라서 매일 기준가격을 공고·게시할 의무를 부담하지도 않는다.

---

21 채권평가회사나 회계법인, 신용평가회사, 인수업을 영위하는 투자매매업자 등도 평가 가격을 제공할 수 있다.
22 다만 시장성 없는 자산에 투자하지 않는 펀드를 설정·설립하는 경우에는 환매금지형으로 설정하지 않아도 된다.

실전예상문제

01 자본시장법상 부동산펀드의 요건을 충족하기 위해 펀드재산의 50%를 초과하여 투자해야 하는 투자대상으로 가장 거리가 먼 것은?

① 부동산이 펀드재산의 50% 이상을 차지하는 경우의 집합투자증권

② 「부동산투자회사법」에 따른 '부동산투자회사'가 발행한 주식

③ 부동산을 기초자산으로 한 파생상품

④ 「사회기반시설에 대한 민간투자법」에 따른 '사회기반시설사업의 시행을 목적으로 하는 법인'이 발행한 주식

02 자본시장법상 공모부동산펀드의 처분규제와 관련하여 가장 거리가 먼 것은?

① 국외에 있는 부동산은 집합투자규약에서 정하는 기간 동안 처분할 수 없다.

② 부동산펀드가 합병되는 경우에는 해당 규제가 적용되지 않는다.

③ 주택법상 미분양주택은 취득 후 1년 이내에 처분할 수 없다.

④ 주택법상 주택에 해당하지 않는 부동산은 1년 이내에 처분할 수 없다.

해설

01 ④ 「사회기반시설에 대한 민간투자법」에 따른 '사회기반시설사업의 시행을 목적으로 하는 법인'이 발행한 '주식'은 특별자산에 해당하는 증권으로서, 부동산펀드는 펀드재산의 50%를 초과하여 부동산 및 부동산 관련 자산에 투자하고 난 이후 나머지 펀드재산으로 이러한 특별자산에 해당하는 증권에 투자할 수 있을 뿐이다. 이러한 '주식'에 펀드재산의 50%를 초과하여 투자하는 펀드는 특별자산 펀드에 해당하게 된다.

02 ③ 주택법상 미분양주택은 집합투자규약에서 정하는 기간 이내에 처분할 수 없다.

03 자본시장법상 부동산펀드에서 펀드재산으로 부동산을 취득함에 있어 금전을 차입하는 경우에 관한 설명으로 가장 거리가 먼 것은?

① 차입기관에는 은행, 보험회사, 다른 부동산펀드가 포함된다.

② 차입기관에 부동산을 담보로 제공하는 방법으로 차입할 수 있다.

③ 원칙적으로 차입금의 한도는 부동산펀드의 자산총액에서 부채총액을 뺀 가액의 100%이다.

④ 차입한 금전은 원칙적으로 부동산에 운용하는 방법 외의 방법으로 운용하여서는 아니 된다.

04 자본시장법상 집합투자업자가 부동산의 취득 · 처분 시 작성해야 하는 실사보고서에 포함되어야 하는 사항으로써 가장 거리가 먼 것은?

① 해당 부동산의 현황   ② 해당 부동산의 거래비용

③ 실사자에 관한 사항   ④ 해당 부동산 소유자의 부채 내역

해설

03 ③ 부동산펀드에서 부동산을 취득함에 있어 금전을 차입하는 경우에 그 차입금의 한도는 원칙적으로 '부동산펀드의 자산총액에서 부채총액을 뺀 가액의 200%'이며, 예외적으로 '집합투자자 총회에서 다르게 의결한 경우에는 그 의결한 한도'이다.

04 ④ 해당 부동산 소유자의 개별적인 부채내역은 실사보고서에 포함되지 않는다.

05 자본시장법상 부동산펀드에서 펀드재산으로 금전을 대여하는 경우에 관한 설명으로 가장 거리가 먼 것은?

① 부동산 개발사업을 영위하는 법인을 대상으로 금전을 대여할 수 있다.

② 해당 집합투자규약에서 금전의 대여에 관한 사항을 정하고 있어야 한다.

③ 다른 부동산펀드에는 금전을 대여할 수 없다.

④ 대여금의 한도는 해당 부동산펀드의 자산총액에서 부채총액을 뺀 가액의 100%로 한다.

06 (   )안에 맞게 들어갈 것끼리 차례대로 묶어 놓은 것은?

> 자본시장법에 따라 부동산펀드의 펀드재산에 속한 부동산은 원칙적으로 (㉠)(으)로 평가하여야 하며, 평가일 현재 신뢰할 만한 (㉠)가(이) 없는 경우에는 (㉡)(으)로 평가하여야 한다.

① ㉠:장부가, ㉡:시가

② ㉠:장부가, ㉡:공정가액

③ ㉠:시가, ㉡:장부가

④ ㉠:시가, ㉡:공정가액

해설

05 ③ 부동산 개발사업을 영위하는 법인, 부동산 신탁업자, 「부동산투자회사법」에 따른 부동산투자회사, 다른 펀드 등에 금전을 대여할 수 있다.

06 ④ 부동산의 경우에 있어서 '공정가액'이란 부동산의 취득 가격, 부동산의 거래 가격 및 「부동산 가격 공시 및 감정평가에 관한 법률」에 따른 감정평가업자가 제공한 가격을 고려하여 펀드재산평가위원회가 충실업무를 준수하고 평가의 일관성을 유지하여 평가한 가액을 말한다.

정답 01 ④ | 02 ③ | 03 ③ | 04 ④ | 05 ③ | 06 ④

part 02

부동산펀드 영업

fund investment solicitor

chapter 01

부동산 투자의 기초

section 01 부동산의 개념과 특성

1 부동산의 개념

부동산이란 일반적으로 토지와 그 정착물(fixture)을 의미한다. 그러나 부동산은 바라보는 시각에 따라 다양한 의미를 가지고 있는데, 부동산을 단순하게 어느 한 측면에서만 바라보고 인식하는 것은 부동산을 제대로 이해하지 못할 수 있다. 즉, 부동산은 그 개념을 파악할 때 부동산을 바라보는 다양한 측면을 복합적으로 이해해야 한다는 것이다. 이를 부동산의 복합개념(compound concept)이라고 한다.

부동산을 바라보는 측면은 크게 유형적 측면과 무형적 측면으로 나눌 수 있다. 유형적 측면으로서 부동산은 물리적·기술적인 면에서 자연물, 공간, 위치, 환경 등의 속성을 가진다. 무형적 측면은 다시 경제·사회적 측면과 법률적 측면으로 구분하며, 경제·사회적 측면으로서 부동산은 자산, 생산요소, 자본, 소비재, 공공재 등의 속성을 가지며, 법률적 측면으로서 부동산은 소유권 등 권리의 목적물이 되는 물건이며, 정부의

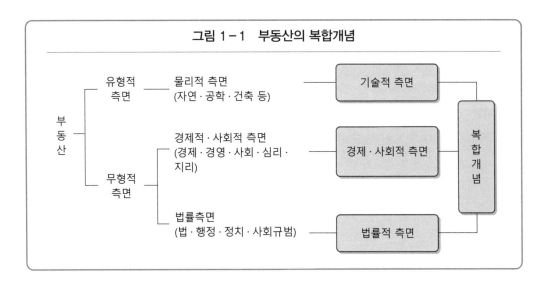

그림 1-1 부동산의 복합개념

각종 규제 대상으로서의 물건 등의 속성을 가진다.

(1) 부동산의 물리적 개념

부동산은 물리적 개념으로 자연물, 공간, 위치 등으로 이해할 수 있다.

부동산은 자연물이기 때문에 그 자연적 특성에 의하여 일반 경제이론을 적용하기 어렵게 된다. 그리고 부동산은 수평, 공중, 지중의 3차원 공간의 속성이 있다. 농촌의 토지이용은 주로 수평공간으로 부동산을 이용하는 것이며, 도시지역은 주로 입체공간(공중과 지중공간)으로 부동산을 이용하는 데, 부동산의 가격은 이 3차원의 각 공간의 가격을 합한 것이라고 할 수 있다. 또한 지리적 위치가 고정되어 있는 부동산은 곧 위치(입지)의 속성을 가진다. 부동산은 그 위치와 접근성에 따라서 용도가 결정되기 때문에 입지와 접근성에 대한 선호도(preference)를 유발하여 그 가격을 발생시킨다. 즉, 위치에 따른 부동산의 이용은 그 부동산의 경제적 가치를 결정하게 된다.

(2) 부동산의 경제적 개념

부동산은 경제적 개념으로 자산, 생산요소, 자본, 소비재 등으로 이해할 수 있다.

부동산은 부의 증식을 가능케 하는 투자대상으로서의 자산의 속성을 가진다. 자산을 금융자산과 실물자산으로 구분할 때 부동산은 실물자산에 속한다. 특히 토지는 노동, 자본, 경영과 함께 생산요소들 중의 하나이며, 주택은 내구소비재이며 소비자의 자본으로 인식되기도 한다.

(3) 부동산의 법 · 제도적 개념

부동산은 법률적 개념으로 소유권 등 권리의 목적물이 되는 물건이다. 부동산은 토지 및 그 정착물(민법 제99조)을 말하며, 부동산 이외의 물건은 동산이다.

토지는 무한히 연속되고 있으나 편의상 지표에 인위적으로 선을 그어 구획하여 필지를 정하고 필지마다 지번을 붙여 토지대장 또는 임야대장에 등록하게 된다(공간정보의 구축 및 관리 등에 관한 법률 제64조 제1항 참조). 토지에 부착된 정착물은 토지와 독립된 물건으로 간주되는 건물과 토지의 일부로 간주되는 수목, 돌담, 교량 등이 있다.

이 밖에 등기 · 등록 등의 공시방법을 갖춤으로써 부동산에 준하여 취급되는 특정의 동산이나 동산과 일체로 된 부동산의 집단으로서 광업재단, 공장재단, 선박(20톤 이상), 항공기, 자동차, 건설기계, 어업권, 입목(立木) 등이 있으며, 이를 의제부동산 또는 준부동산이라고 한다.

표 1-1   **부동산과 동산의 차이점**

3대측면	구분	부동산	동산
물리적 측면	위치	고정성(비이동성)	유동성(이동성)
	용도	용도의 다양성	용도의 한계성
경제적 측면	가치	비교적 크다	비교적 작다
	구매기간	장기	단기
	시장구조	추상적 시장 불완전경쟁시장	구체적 시장 완전경쟁시장 가능
	가격 형성	1물1가의 원칙 배제	1물1가의 원칙 지배
법률적 측면	공시방법 · 권리변동	등기 등기 · 등록	점유 인도
	공신력	불인정	인정(선의취득)
	취득시효	20년(등기:10년)	10년(선의 · 무과실의 경우 5년간 점유)
	용익물권의 설정 담보물권의 설정	가능 질권은 설정(×)	지상권 · 지역권 · 전세권(×) 저당권은 설정(×)
	무주물의 귀속	국유(민법 제252조)	선점자의 소유(민법 제252조)
	강제집행 시 집행기관	'법원'에서 강제경매 · 강제관리	'집행관'의 압류에 의함
	환매기간	5년(민법 제591조)	3년(민법 제591조)

2 부동산의 특성

부동산, 특히 토지는 일반 경제재와는 다른 여러 가지 특성을 가지고 있다. 이런 특성은 부동산 자체가 본원적으로 가지고 있는 물리적 특성으로서 자연적 특성과 부동산과 인간과의 관계에서 비롯되는 경제적·제도적 특성으로서 인문적 특성으로 구분된다. 부동산의 특성에 있어서 건물을 토지와 독립된 물건으로 간주할 때 건물은 그 특성이 다른 경우도 있다는 것을 염두에 두어야 한다.

1) 자연적 특성

(1) 부동성(지리적 위치의 고정성)

부동산의 지리적 위치는 인위적으로 통제할 수 없다. 따라서 그 위치는 부동산의 효용과 유용성(예 : 토지의 이용)을 지배하게 된다. 이는 동산과 부동산을 구별하여 공시방법을 달리하는 근거가 되고, 부동산 현상을 국지화시킴으로써 부동산 활동은 임장활동 및 정보활동이 될 수밖에 없다. 이는 부동산 시장을 추상적 시장, 불완전경쟁시장화시킨다.

정착물로서 건물은 원칙적으로 부동성이 있으나 오늘날 이축기술의 발달로 이동이 가능함으로써 그 특성이 모든 건물에 적용된다고 볼 수는 없다.

(2) 영속성(내구성·불변성·비소모성)

부동산은 물리적인 면에서 시간의 경과나 사용에 의해 소모·마멸되지 않는다. 그러나 부동산의 경제적인 유용성에 있어서는 변화할 수 있음에 유의해야 한다. 또한 건물의 경우에는 인위적인 구조물이므로 재생산이 가능한 내구소비재로서 내용연수를 가지기 때문에 영속적이라고 할 수 없다.

영속성으로 말미암아 일반 재화와 같이 가치가 소모되지 않기 때문에 투자대상으로 선호된다. 물리적 상태의 토지는 소모를 전제로 하는 재생산 이론을 적용할 수 없기 때문에 부동산 감정평가에 있어서 원가방식은 적용하기 어렵다. 또한 토지는 소모·마멸되지 않는다는 점에서 감가상각이 배제되지만, 건물의 경우에는 이를 적용한다.

(3) 부증성(비생산성)

부동산은 생산비나 노동을 투입하여 물리적 절대량을 늘릴 수 없으며 재생산할 수도 없다. 공유수면의 매립이나 택지의 조성은 토지의 물리적인 증가라기 보다는 토지이용의 전환이라는 측면에서 파악해야 한다. 건물의 경우에는 장기적으로 건축을 통하여 양적인 증가가 있을 수 있으며 증축 등으로 규모가 늘어날 수 있지만, 결국 토지의 부증성에 따른 제한을 받게 된다.

토지는 생산비의 법칙이 적용되지 않고 완전 비탄력적 공급곡선을 가지게 되어 균형가격의 성립을 불가능하게 한다. 토지의 희소성으로 지가의 앙등과 같은 지가문제를 유발하게 되며, 토지이용을 집약화하는 원인이 된다. 이 부증성은 독점 지대 이론의 기초가 되고 지대를 발생시키는 원인이 된다.

(4) 개별성(비동질성 · 비대체성)

부동산은 지리적 위치가 고정되어 있기 때문에 물리적으로 위치, 지형, 지세, 지반 등이 완전히 동일한 복수의 토지가 없다는 것이다. 그러나 사회 · 경제적인 면에서는 용도의 유용성이 유사한 토지는 다수 존재할 수도 있다. 또한 건물의 경우에는 인위적인 구조물인 점에 있어서 동일한 형이나 구조 및 규격의 건물을 생산할 수 있지만, 건물이 토지의 정착물이라는 점을 고려하면 완전한 동질성이 있다고 볼 수는 없다.

개별성으로 인하여 부동산은 가격 및 수익이 개별적으로 형성되어 일물일가의 법칙이 적용되지 못하므로 그 가격을 평가하기 위한 전문가의 활동을 요구한다. 부동산 현상을 개별화시키고 비교를 곤란하게 함으로써 감정평가 및 투자분석 시 개별 분석을 필요로 하게 한다.

2) 인문적 특성

(1) 용도의 다양성

부동산은 주거용, 상업용, 공업용, 공공용, 그리고 제1차 산업용 등의 여러 가지 용도로 이용될 수 있다. 이와 같이 다양한 용도로 인하여 두 개 이상의 용도가 동시에 경합하는 경우가 있으며, 용도의 전환 또는 용도의 병존이 있을 수 있다. 경합되는 용도 중에서 어떤 용도를 선택할 것인가에 대한 판단은 당해 부동산으로부터 가장 많은 수익을 올릴 수 있는 이용을 추구하는 최유효이용의 원칙에 따른다.

(2) 합병·분할의 가능성

부동산은 그 이용목적에 따라 법률이 허용하는 한도 내에서 그 면적을 인위적으로 큰 규모로 합치거나 작은 규모로 나눌 수 있다. 즉, 토지는 2필지 이상을 1필지로 합병할 수 있으며, 1필지를 2필지 이상으로 분할할 수 있다. 건물의 경우에도 1동의 건물을 분할하여 구분소유할 수 있으며, 구분소유된 건물을 합병할 수 있다.

부동산은 합병·분할을 통하여 다양한 용도 중에서 최유효이용을 기할 수 있는 용도의 선택을 가능하게 한다는 점에서 용도의 다양성과 밀접한 관계가 있다.

(3) 사회적·경제적·행정적 위치의 가변성

부동산은 사회적·경제적·행정적인 환경의 변화에 따라 그 가치나 용도가 변하게 되는데, 이를 위치의 가변성이라고 한다. 사회적 위치가 변화(개선 또는 악화)하는 경우는 인구 및 가구 수의 변화, 도시형성 및 공공시설의 상태, 주거환경의 개선 또는 악화 등을 들 수 있다. 경제적 위치가 변화하는 경우는 소득 수준, 경기순환, 물가, 실업률 등의 변화와 기술혁신 및 산업구조, 교통체계의 변화 등을 들 수 있다. 그리고 행정적 위치가 변화하는 경우는 토지이용계획, 부동산 세제의 강화, 임대주택건설계획 등 각종 부동산 정책의 변화를 들 수 있다.

section 02 | 부동산의 법률적 측면

법률적 측면에서 부동산은 소유권 등 권리의 목적물이 되는 물건이며, 정부의 각종 규제의 대상이 되는 물건이다. 부동산을 규율하는 법률은 소유권 등 권리에 관한 사인(私人)간의 법률관계를 규율하는 부동산 사법과 공공복리나 사회적 목표를 달성하기 위하여 개인의 소유권에 대한 정부의 각종 규제, 지도, 부담, 강제, 관리 등을 규율하는 부동산 공법으로 구분할 수 있다. 부동산 관련 법률은 결국 재산권으로서의 부동산 소유권과 그 제한을 규율하는 법률을 의미한다.

1 물권으로서의 부동산 소유권

토지 및 그 정착물로서 부동산은 동산과 함께 유체물에 해당된다. 민법에서 물건은 유체물 뿐만 아니라 전기 기타 관리할 수 있는 자연력을 포함한다. 이러한 물건을 직접적으로 지배하여 이익을 얻을 수 있는 배타적인 권리를 물권이라고 한다.

물권은 법률 또는 관습법에 의하는 것 외에는 임의로 창설하지 못하는데(물권법정주의), 민법이 인정하는 물권으로는 다음과 같이 분류된다. 여기에서 부동산 물권은 점유권, 소유권, 지상권, 지역권, 전세권, 유치권, 저당권 등이 있다.

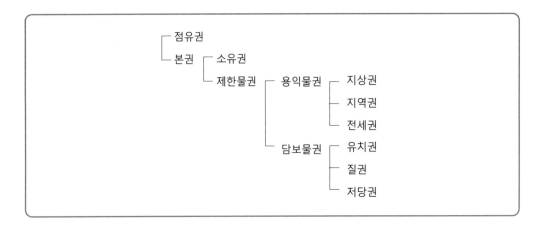

1) 물권의 본질

물권은 지배성, 배타성, 절대성을 가진다. 첫째, 지배성으로 물권이 특정인의 어떤 행위를 요구하지 않고 물건을 직접 지배할 수 있는 권리로서, 권리의 실현을 위하여 타인의 행위를 요하는 채권과 근본적으로 다르다. 둘째, 배타성으로 물권은 하나의 물건에 대하여 어떤 자의 지배가 성립하면 그 이익에 관하여 다른 자의 지배를 인정할 수 없는 배타적 권리로서 하나의 물건 위에는 하나의 물권만이 존재하는 것이 원칙이다(일물일권주의). 배타성이 없어 이중 매매가 있을 수 있는 채권과는 다르다. 예외적으로 등기한 임차권과 같이 채권도 등기함으로써 배타성을 가질 수는 있다. 셋째, 절대성으로 물권은 모든 사람에게 주장할 수 있는 절대적 권리이다.

2) 물권의 효력

물권에는 여러 가지의 종류가 있고 각각 특유한 효력이 있으나 모든 물권이 가지는 일반적 효력으로는 우선적 효력과 물권적 청구권을 들 수 있다.

여기에서 우선적 효력이란 첫째, 물권은 그 배타성에도 불구하고 종류, 성질, 범위, 시간을 달리하는 물권은 동일 물건 위에 함께 성립할 수 있는데, 물권 상호 간에는 먼저 성립한 물권이 이후에 성립한 물권에 우선한다는 것이다. 둘째, 동일 물건 위에 물권과 채권이 함께 성립하는 경우에는 그 성립의 선후에 관계없이 물권이 채권에 우선한다는 것이다. 여기에는 예외가 있는데, 부동산에 관한 물권의 변동을 청구하는 채권이 가등기된 경우, 부동산 임차권이 등기된 경우, 「주택임대차보호법」의 적용을 받는 주택임차권의 경우 등은 후순위 물권에 우선한다.

물권적 청구권이란 물권이 방해를 당하거나 방해 당할 염려가 있는 경우에 그 방해의 제거 또는 예방에 필요한 일정한 행위를 요구할 수 있는 권리이다. 물권적 청구권의 종류에는 물권적 반환청구권, 물권적 방해제거청구권, 물권적 방해예방청구권 등이 있다.

3) 소유권과 제한물권

(1) 부동산 소유권

부동산 소유권이란 법률의 범위 내에서 부동산을 자유로이 사용·수익·처분할 수 있는 권리로서 타인의 부동산을 부분적·일시적으로 지배하는 제한물권과 구별된다. 사용·수익이란 그 부동산이 가지는 사용가치를 실현하는 것이며, 처분이란 그 부동산이 가지는 교환가치를 실현하는 것이다. 토지 소유권의 범위는 지표는 물론 정당한 이익이 있는 범위 내에서 토지의 상하에 미친다. 따라서 토지 소유자의 이익을 침해하지 않는 공중과 지중에서의 타인의 이용을 금지하지 못한다. 특히 지중의 광업권의 객체가 되는 미채굴의 광물은 토지 소유권의 효력이 미치지 아니한다.

(2) 제한물권

제한물권이란 일정한 목적을 위하여 타인의 물건을 제한적으로, 즉 부분적 · 일시적으로 지배하는 물권으로 등기능력이 있는 권리이다. 제한물권의 종류에는 용익물권으로서 지상권 · 지역권 · 전세권과 담보물권으로서 유치권 · 질권 · 저당권으로 구분되는데, 부동산 물권으로는 지상권, 지역권, 전세권, 유치권, 저당권 등이 있다.

❶ 지상권 : 지상권은 타인의 토지 위에 건물 기타의 공작물이나 수목 등을 소유하기 위하여 그 토지를 사용할 수 있는 물권. 이 경우 지상권에 의하지 않고 토지임대차계약에 의하여 동일한 목적을 달성할 수도 있으나 양자 사이에는 효력면에 있어서 강약의 차이가 있음. 그 차이는 첫째, 지상권은 배타성을 가지고 토지를 직접지배할 수 있는 물권이고, 임차권은 임대인에 대하여 토지를 사용 · 수익하게 할 것을 청구할 수 있는 채권. 둘째, 지상권은 제3자에 대한 대항력이 있으나, 임차권은 제3자에 대한 대항력이 없는 것이 원칙. 셋째, 지상권은 자유로이 양도하거나 담보로 제공할 수 있으나, 임차인은 임대인의 동의없이 임차권을 양도하거나 임차물을 전대하지 못함. 넷째, 지상권은 최단기간에 대한 제한(견고한 건물이나 수목은 30년, 기타 건물은 15년, 건물이외의 공작물은 5년)은 있으나 최장기간에 대한 제한이 없고, 임차권은 최장기간에 대한 제한(20년)은 있으나 최단기간에 대한 제한은 없음. 다섯째, 지상권의 성립에 있어서 지료가 그 요소는 아니나 지료를 지급하기로 약정한 경우에는 2년 이상 지료를 지급하지 아니한 때 지상권 설정자는 지상권의 소멸을 청구할 수 있고, 임차권의 성립에 있어서 차임은 그 요건이며 차임의 연체액이 2기의 차임액에 달하는 경우 임대인은 임대차계약을 해지할 수 있음

❷ 지역권 : 지역권은 설정행위에서 정한 일정한 목적을 위하여 타인의 토지를 자기 토지의 편익에 이용하는 권리. 즉, 요역지(편익을 받는 토지)의 이용가치를 증대시키기 위하여 승역지(편익을 제공, 승낙하는 토지)를 일정한 방법으로 지배하는 물권. 예컨대, 요역지를 위한 인수(引水) · 인근토지의 건축제한 등이다. 요역지는 반드시 1필의 토지이어야 하나 승역지는 토지의 일부이어도 됨. 지역권은 토지소유자 사이에서만 성립하는 것이 아니고, 지상권, 전세권, 임차권을 취득한 자는 그들이 사용하는 토지의 편익을 위하여 지역권을 설정할 수 있음. 그리고 요역지의 소유권 등이 이전되거나 다른 권리의 목적이 되는 경우에는 지역권도 이전되거나 다른 권리의 목적이 됨

❸ 전세권 : 전세권이란 전세금을 지급하고 타인의 부동산을 점유하여 그 용도에 따

라 사용·수익하는 물권

전세권이 소멸하면 목적 부동산으로부터 전세금을 우선변제 받을 수 있는 담보물권의 성질도 가지고 있는 우리나라 특유의 제도. 전세권은 전세권 설정자와 전세권자 간의 전세권 설정계약과 전세금의 수수 및 등기에 의하여 성립. 전세권의 존속기간은 최소한 1년이어야 하며, 10년을 넘지 못함. 전세권자는 전세권 설정자와 별도의 약정에 의해 전세권의 목적물을 양도·임대·전전세 등을 할 수 없도록 한 경우가 아니고서는 원칙적으로 전세권 설정자의 동의없이 양도·임대·전전세 등을 할 수 있으며, 전세권 위에 저당권을 설정할 수 있음

❹ 유치권 : 유치권은 타인의 물건이나 유가증권을 점유한 자가 그 물건이나 유가증권에 관하여 생긴 채권이 변제기에 있는 경우에 그 채권을 변제받을 때까지 그 물건이나 유가증권을 유치할 수 있는 권리로서 법정담보물건이며, 점유로써 공시되므로 등기가 필요 없음. 유치권이 성립하려면 목적물이 타인의 물건 또는 유가증권이어야 하고, 피담보채권이 목적물과 견련관계가 있어야 하며, 채권이 변제기에 있어야 하고, 유치권자가 목적물을 점유하고 있어야 하며, 당사자 사이에 유치권의 발생을 배제하는 특약이 없어야 함

❺ 저당권 : 저당권이란 채무자 또는 제3자가 채권의 담보로 제공한 부동산을 담보제공자의 사용·수익에 맡겨 두면서 채무의 변제가 없는 경우에 그 부동산의 가격으로부터 다른 채권자보다 우선하여 변제를 받을 수 있는 권리. 저당권은 점유를 포함하지 않으므로 반드시 등기·등록에 의하여 공시되어야 함. 저당권자는 경매를 실행하여 그 대금으로부터 순위에 따라 우선변제를 받는 효력을 가짐. 다른 채권자가 경매를 실행하는 경우에도 마찬가지임. 저당부동산의 경매대가로부터 채권을 완전히 변제받지 못한 경우에는 일반채권자로서 다른 경매의 배당에 참가할 수 있음

(3) 비전형담보제도

비전형담보제도로서 가등기담보 등에 관한 법률의 규정에 의한 가등기담보와 양도담보가 있다. 가등기담보는 채권을 담보할 목적부동산에 대하여 대물변제의 예약 또는 매매의 예약을 하고 채무불이행에 대비하여 소유권이전청구권보전을 위한 가등기를 하는 방법을 말한다. 양도담보는 채권을 담보할 목적으로 부동산의 소유권을 채권자에게 이전한 후 채무불이행이 있는 경우에는 그 목적물로 변제에 충당하고 채무를 이행한 경우에는 목적물을 반환하는 방법이다.

2 　부동산 소유권의 공시제도

물권에는 배타성이 있으므로 제3자에게 영향을 미치거나 해치는 일이 많으므로 물권을 공시할 필요가 있는 바, 이를 부동산 등기제도라 한다. 부동산 등기란 등기관이 부동산 등기법령이 정하는 절차에 따라 등기부에 부동산의 표시 및 부동산에 관한 권리관계를 기재하는 것, 또는 그 기재자체를 말한다.

등기의 대상은 부동산 등기법에 의하여 토지, 건물에 대한 소유권, 지상권, 지역권, 전세권, 저당권(지상권, 전세권 목적 저당권 포함), 권리질권(저당권부), 부동산 임차권, 환매권 등이고, 기타 특별법에 의한 입목, 공장재단, 광업재단, 선박 등에 내한 소유권, 저당권 등이 있다.

등기의 효력에 있어서 본등기는 ① 물권 변동적 효력, ② 순위 확정적 효력, ③ 형식적 확정력, ④ 대항적 효력, ⑤ 권리존재 추정력, ⑥ 점유적 효력 등을 가진다. 가등기는 실체법상 요건이 불비한 때 권리의 설정, 이전, 변경, 소멸의 청구권을 보전하기 위한 등기로서 ① 본등기 전에는 청구권보전의 효력을 가지며, ② 본등기 후에는 순위보전적 효력을 갖는다.

chapter 02

부동산 투자 구분

부동산 투자방식별 비교

1   직접투자 vs 간접투자(부동산펀드)

부동산펀드를 통해 부동산에 간접으로 투자 하는 경우 세제효과, 운용의 전문성, 상품의 다양성, 안정성 등으로 인하여 직접투자보다 상대적으로 유리한 편이다.

세제효과	• 재산세 분리 과세, 종합 부동산세 없음 • 법인세 및 매각 차익에 대한 과세 없음
운용 전문성	• 부동산 전문 인력을 통한 철저한 투자 리스크 검토 및 대응 방안 마련 • 설정 이후에도 다수의 경험을 바탕으로 프로젝트의 체계적인 관리
상품의 다양성	• 국내외 다수의 기관들과 공동투자 용이 • 각 기관의 자금 속성에 맞춘 상품 설계가 가능
안정성	• 폐쇄형 공모펀드의 경우 한국거래소에 상장되므로 직접투자 대비 유동성 제고 • 각종 보고 및 공시 의무로 자금집행 및 관리의 투명성 확보

2 공모 vs 사모

❶ 부동산 투자의 특성(물건 확보를 위한 과열 경쟁, 복잡한 거래방식 등)으로 인하여 주로 사모의 방식으로 이루어져 왔으나, 최근에는 공모형 부동산펀드의 설정도 증가하는 추세임[1]

❷ 부동산 간접투자 시장은 지속적으로 확대될 것으로 예상되며, 이로 인하여 공모 부동산펀드시장 또한 점진적인 성장을 기대할 수 있을 것으로 예상됨

❸ 부동산펀드는 투자 물건의 특성 및 투자 자금의 성격에 따라 공모·사모투자 방식 선택 가능

	공모	사모
투자방식	주로 실물자산의 지분 매입	다양한 지분 출자 및 대출 실행
상장 여부	폐쇄형의 경우 상장 의무	비상장
유동성	Moderate-High	Low
투자금액	투자금액 산정이 비교적 자유로움	일정 규모 이상
Return	Relatively-Low	Relatively-High
투자조건	조건 변경 불가	투자자 요구사항에 따른 계약조건 및 상품구조 변경 가능

3 Equity vs Debt 투자

❶ 투자자금의 속성(투자자 성향·기대수익·투자기간 등)에 따라 Equity/ Debt 투자가 결정됨

❷ 일반적으로 부동산 시장의 상승기에는 고수익 창출이 가능한 Equity 투자에, 하락기에는 안정적인 Debt 투자에 집중되는 경향이 있음

	Debt	Equity	
투자방식	대출형(PF, 담보대출)	실물매입형(Equity)	개발형(Equity)
펀드기간	단기(3~5년)	중기(5~7년)	중장기(7년~)

---

1 공모 부동산펀드는 2015년말 기준 19개였으나, 2022년 9월말 기준 57개로 증가

투자기간	3~5년	5~7년	개발기간(3~5년) 소요
수익원천	이자수익	운영이익 +자산가치 상승	개발이익 +운영이익 +자산가치 상승
현금흐름	Fixed Income	Fixed Income, 청산 시 매각차익	사업 청산 시 대부분 수익 발생
기대수익률	Low	Moderate	High
예상 Risk	Low	Moderate	High
주요 Risk	차주 리스크, 담보가치 리스크	시장 리스크, 임차인 리스크	시행사, 인허가, 파이낸싱, 시장 리스크

section 02 부동산 투자기구별 비교

1 부동산 투자기구 개요

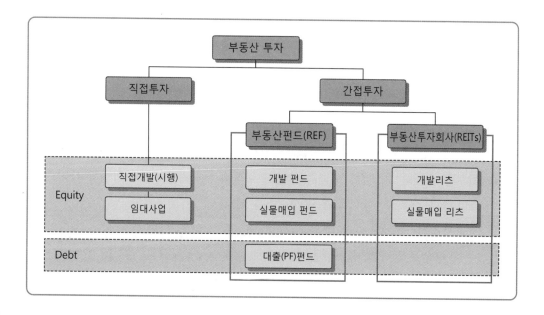

2 부동산펀드와 부동산 투자회사(REITs)

(1) 부동산펀드(Real Estate Fund)

❶ 펀드는 2인 이상의 투자자(사모의 경우 100인 이하)로부터 모은 금전등을 투자자로부터 일상적인 운용지시를 받지 아니하면서 재산적 가치가 있는 투자대상자산을 취득·처분, 그 밖의 방법으로 운용하고 그 결과를 투자자에게 배분하여 귀속시키는 것을 수행하기 위한 기구를 말함(금융위원회 소관)

❷ 펀드에는 펀드재산을 운용할 집합투자업자(운용사), 펀드를 투자자에게 매매하거나 중개하는 투자매매업자 또는 투자중개업자(판매사), 집합투자재산을 보관 및 관리하는 신탁업자, 펀드의 회계 및 일반사무를 담당하는 일반사무관리회사 등이 관련되어 있음

❸ 부동산펀드는 펀드 재산의 50%를 초과하여 자본시장법에서 정한 '부동산'에 투자하는 펀드를 의미함

❹ 다른 집합투자기구(증권, 특별자산)에서도 '부동산'에 투자할 수 있으나 그 비율은 50% 미만이어야 함.

(2) 부동산 투자회사(REITs : Real Estate Investment Trusts)

❶ 다수의 투자자로부터 자금을 모아 부동산에 투자 및 운용하고 그 수익을 투자자에게 돌려주는 부동산 간접투자기구(국토교통부 소관)

❷ 리츠는 부동산 시장의 가격안정, 외환위기로 인한 부실기업의 구조조정 및 소액투자자들에 대한 간접적인 부동산 투자기회의 확대 등을 통해 건전한 부동산투자를 활성화하기 위한 취지로 도입됨(2001년 4월 7일 「부동산투자회사법」 제정)

❸ 리츠는 자금의 집합체가 아니라 상법상 주식회사에 해당하므로 법인과 같이 주주총회, 이사회, 감사 등의 내부 구성요소를 지님

❹ 자산관리회사(AMC : Asset Management Company) : 리츠의 위탁을 받아 자산의 투자·운용업무를 수행하는 것을 목적으로 국토교통부장관의 인가를 받아 설립된 회사(부동산의 임대차, 관리, 유지보수, 사무수탁 등 부동산 서비스업도 수행할 수 있음).

❺ 설립절차 : 정관 작성 → 정관 인증 → 주식발행사항의 결정 → 주식인수와 납입
 → 임원 선임 → 회사 설립 조사보고 → 대표자 선출 → 설립등기

3 부동산펀드(투자신탁) vs 부동산 투자회사(REITs)

부동산펀드(투자신탁)		부동산 투자회사(REITS)
자본시장과 금융투자업에 관한 법률	근거법	부동산 투자회사법
금융감독원 등록	설립	발기설립-국토교통부의 영업인가
계약(법인격 없음)	법적 성격	상법상 주식회사
제한 없음	최소 자본금	50억(자기관리형 리츠 : 70억)
부동산 개발 · 대출 · 실물매입 및 운용 (부동산 등에 50% 이상 투자)	자산운용	부동산 개발 · 실물매입 및 운용 (부동산에 70% 이상 투자)
실물 부동산 매입 시 1년 이상 보유	투자기간	실물 부동산 매입 시 1년 이상 보유
제한 없음	주식분산	1인당 50% 이내 (단, 연기금 · 공제회 등의 소유지분은 제한 없음)
일반적으로 리츠보다 낮음	운용보수	별도 관리조직 유지 등에 따라 다소 높음
순자산의 2배 이내 (일반 사모펀드는 4배 이내)	자금차입	자기자본의 2배 가능 (주총 특별결의 : 10배 가능)
순자산의 100% 이내	자금대여	금지
법인세 과세 대상 아님	법인세	자기관리형 : 부과, 위탁관리형&CR REITs : 면제

공모리츠의 자본시장법 적용

「부동산투자회사법」에 따른 리츠는 공모와 사모로 구분할 수 있다. 사모리츠의 경우 자본시장
법에서 집합투자에 해당하지 않는다고 명시적으로 규정하고 있으나, 공모리츠는 집합투자에 해
당하므로 원칙적으로 자본시장법이 적용된다. 다만 「부동산투자회사법」에서 별도로 규정한 사
항에 대해서는 그러하지 아니하다(「부동산투자회사법」 제49조의3).

chapter 03

부동산펀드의 종류

section 01 펀드의 기본 투자구조 및 자금흐름

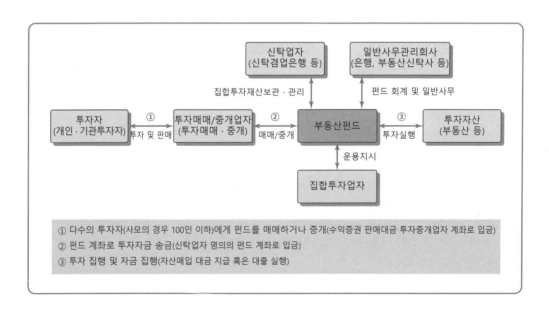

① 다수의 투자자(사모의 경우 100인 이하)에게 펀드를 매매하거나 중개(수익증권 판매대금 투자중개업자 계좌로 입금)
② 펀드 계좌로 투자자금 송금(신탁업자 명의의 펀드 계좌로 입금)
③ 투자 집행 및 자금 집행(자산매입 대금 지급 혹은 대출 실행)

부동산펀드 종류(자본시장법)

　자본시장법에서는 부동산펀드의 종류를 세부적으로 구분하여 규정하고 있지 않다. 다만 자본시장법상 부동산펀드의 정의 등 관련 규정을 감안하면, 투자대상자산, 운용방법 등을 통해 실무적으로 부동산펀드의 종류를 구분해 볼 수 있다. 이를 감안하여 다음과 같이 구분해보기로 한다.

1　실물형 부동산펀드

　펀드재산의 50%를 초과하여 실물로서의 '부동산'에 투자하는 부동산펀드를 실물형 부동산펀드로 분류할 수 있다. 실물형 부동산펀드는 구체적인 운용방법에 따라 다음과 같이 세부적인 유형으로 구분할 수 있다.

❶ 임대형 부동산펀드 : 부동산을 취득하여 임대사업을 통해 수익을 창출한 후 매각하는 방식

❷ 개량형 부동산펀드 : 부동산을 취득하여 개량한 후 매각하거나 개량 이후 일정기간 동안 임대 후 매각하는 방식

❸ 경공매형 부동산펀드 : 경매 또는 공매 방식으로 부동산을 취득하여 매각하거나 일정기간 동안 임대 후 매각하는 방식

❹ 개발형 부동산펀드 : 부동산을 매입한 후 부동산 개발사업을 통해 개발된 부동산을 분양하거나 일정기간 동안 임대 후 매각하는 방식

2　대출형 부동산펀드

　펀드재산의 50%를 초과하여 '부동산 개발과 관련된 법인에 대한 대출'의 방식으로 투자하는 경우 이를 대출형 부동산펀드로 분류할 수 있다.

3   재간접형 부동산펀드

펀드재산의 40% 이상을 부동산펀드에 투자하는 펀드로서 주로 해외증권시장에 상장
된 글로벌 리츠에 포트폴리오를 구성하여 투자한다.

4   증권형 부동산펀드

펀드재산의 50%를 초과하여 '부동산과 관련된 증권'에 투자하는 부동산펀드를 증권
형 부동산펀드로 부를 수 있을 것이다. '부동산과 관련된 증권'에는 부동산 담보부채
권이나 해외증권시장에 상장된 글로벌 리츠의 집합투자증권 등을 들 수 있으며 후자에
투자하는 경우 재간접펀드가 된다.

section 03   부동산펀드의 다른 분류방법

1   법적 형태 기준에 따른 부동산펀드의 분류

펀드의 법적 형태는 국가별로 상이한 법체계를 가지고 있기 때문에 이를 일률적으
로 정의할 수는 없다. 다만 우리나라의 법체계에 근거한다면 다음과 같이 구분이 가
능하다.

(1) 신탁형 펀드(Trust type Fund)

❶ 계약형 펀드라고도 하며, 집합투자업자와 신탁업자(자산보관회사) 간의 신탁계약에
따라 설정되는 펀드를 의미한다.

❷ 신탁형 펀드는 법인격이 없으며, 일반적으로 신탁업자(자산보관회사)가 펀드재산 보관 등 펀드와 관련된 법적 행위를 수행한다.

(2) 회사형 펀드(Corporation type Fund)

❶ 투자회사, 투자유한회사, 투자합자회사 등 회사형태로 설립되는 펀드를 의미하며, 이러한 이유로 펀드 자체에 법인격이 있다.

❷ 각 국가별로 회사와 관련된 법의 내용이 상이하므로, 펀드의 법적 형태로 활용되는 회사의 종류는 다양할 수 있다. 우리나라의 경우에는 투자회사, 투자유한회사, 투자합자회사, 투자유한책임회사의 형태로 설립이 가능하다.

(3) 조합형 펀드(Partnership type Fund)

투자합자조합, 투자익명조합 등 조합형태로 설립되는 펀드를 의미하며, 펀드로서의 조합이 법인격을 가지는지 여부는 각국의 법제에 따라 상이하지만, 조합에 대해서는 법인격이 인정되지 않는 것이 일반적인 것으로 보이며, 따라서 펀드로서의 조합 또한 법인격이 없는 것으로 이해할 수 있을 것이다. 우리나라 상법상의 합자조합과 익명조합의 경우도 법인격이 없기는 마찬가지이다. "투자합자조합"의 경우 대외적으로는 집합투자업자인 업무집행 조합원이 합자조합의 업무를 집행하고 대리하게 되며, "투자익명조합"의 경우 집합투자업자가 영업자로서 법적 행위를 수행하게 된다.

---

2 모집방식에 따른 부동산펀드의 분류

펀드의 모집방식은 우리나라의 경우 다음과 같이 펀드를 구분할 수 있다. 다만 국가별로 모집방식에 대한 규제가 다르다는 점을 감안하여야 한다.

(1) 공모(公募)펀드(Public Offering Fund)

자본시장법상 공모펀드는 '사모펀드'가 아닌 나머지 펀드를 통칭한다. 공모펀드는 증권신고서를 제출하는 모집의 방법으로 집합투자증권을 발행하는 집합투자기구이다. 공모펀드는 투자자의 자격요건에 제한이 없으며 따라서 사모펀드에 비해 엄격한 투자자보호규정이 적용된다.

(2) 사모(私募)펀드(Private Placement Fund)

❶ 자본시장법상 사모펀드는 집합투자증권을 사모로만 발행하는 펀드로서 투자자의 총수가 100인 이하인 경우를 말하며, 일정한 요건을 갖춘 적격투자자만이 투자가 가능하다. 적격투자자는 일반적으로 기관투자자와 일정 금액 이상을 투자하는 개인 또는 일반법인을 의미한다. 여기에서 100인을 산출할 때 해당 펀드의 집합투자증권 발행총수의 10% 이상을 투자하는 경우에는 그 펀드의 수익자 수도 포함하여 계산한다.

❷ 사모펀드는 적격투자자만을 대상으로 하기 때문에 공모펀드에 비해 상대적으로 운용 규제 등이 완화되어 적용된다. 마찬가지로 투자자 보호와 관련된 규정 등도 공모펀드에 비해 완화되어 적용된다.

---

3   **투자대상지역에 따른 부동산펀드의 분류**

펀드의 투자대상지역에 따라 일반적으로 다음과 같이 펀드를 구분할 수 있다.

(1) 국내 투자펀드(Domestic Investment Fund)

펀드재산을 국내 자산에만 투자하는 펀드이다.

(2) 해외 투자펀드(Overseas Investment Fund)

펀드재산의 일부 또는 전부를 해외자산에 투자하는 펀드이다. 부동산펀드의 경우 해외 부동산에 투자함에 있어 실물 부동산을 직접 취득하기 보다는 투자목적회사(SPV) 등을 설립하여 취득하는 것이 일반적이며 투자목적회사 등은 세제를 고려하여 그 설립지역이나 법적 형태를 구성하게 된다.

---

4   **투자대상의 사전 특정 여부에 따른 부동산펀드의 분류**

펀드의 투자대상 자산 또는 투자방법 등을 미리 정하고 펀드를 설정하는지 여부에 따라 다음과 같이 실무적으로 구분이 가능하다.

(1) 사전 특정형 펀드(Project 펀드)

펀드 투자자들로부터 펀드자금을 모집하기 이전에 사전적으로 펀드의 투자대상 자산 또는 투자방식을 특정하고, 펀드자금을 모집한 후에 사전에 특정된 투자대상 자산에 투자하는 방식의 펀드를 의미한다. 집합투자업자는 투자대상 자산을 확정하여 해당 자산에 대한 상세한 설명과 함께 투자자에게 투자제안을 하고, 투자자는 투자제안을 바탕으로 펀드에 대한 투자의사결정을 하기 때문에 펀드의 자금모집이 용이하다. 현재 운용중인 부동산펀드의 대부분이 이러한 프로젝트펀드이다.

(2) 사전 불특정형 펀드(Blind 펀드)

펀드 자금 모집시에는 투자방식을 특정하지 않다가, 모집한 이후 펀드의 투자대상 자산을 발굴하여 투자하는 방식의 펀드를 의미한다. 투자자는 구체적인 투자대상 자산이 아니라 집합투자업자의 딜소싱(Deal Sourcing)이나 자산관리 등 펀드 운용능력을 믿고 펀드에 투자할지 여부를 결정한다. 또한 집합투자업자는 펀드재산을 자기 책임 하에 투자하는 구조를 가지고 있어 사전 특정형 펀드에 비해 투자금 모집이 상대적으로 용이하지 않다.

5 설립국가 기준에 따른 부동산펀드의 분류

펀드가 어느 국가의 법률을 근거로 설정·설립되는지에 여부에 따라 일반적으로 다음과 같이 구분할 수 있다.

(1) 국내 펀드(역내펀드/On-shore Fund)

국내 법령에 의거하여 설정·설립되고, 국내 금융감독기관의 감독을 받는 펀드를 의미한다. 우리나라에서 설정·설립될 경우 자본시장법에 근거하여 이루어진다.

(2) 외국 펀드(해외 펀드/역외펀드/Off-shore Fund)

❶ 외국 법령에 의거하여 설정·설립되고, 외국 금융감독기관의 감독을 받는 펀드를 의미한다.

❷ 외국의 집합투자업자가 자국 내에서 펀드를 설정·설립하는 대신 다른 국가에서 펀드를 설정·설립하는 경우가 있는데, 이는 자국 내에서의 과다한 규제를 회피하는 동시에 자국 대비 유리한 세제혜택을 받기 위함이다. 자국의 규제 회피 등을 위해 펀드를 설립하는 다른 국가를 조세피난처(Tax Haven)라 한다. 조세피난처에 해당하는 대표적인 국가로는 the Cayman Islands, the British Virgin Islands, the Bermuda, the Bahamas, Luxembourg, Ireland, Panama 등을 들 수 있다.

chapter 04

부동산펀드의 종류별 특성

실물형 부동산펀드

1 임대형 부동산펀드

(1) 개요

임대형 부동산펀드는 펀드재산으로 업무용 오피스빌딩, 상업시설, 숙박시설, 물류센터 등과 같은 수익형 부동산을 취득한 후, 해당 부동산의 수익가치를 높이기 위해 임차인을 확보하여 임대함으로써 안정적인 이자소득(Income Gain) 성격의 임대소득을 획득하는 것을 목적으로 한다. 또한 향후 해당 부동산의 가격이 취득 시점 대비 적정 수준으로 상승하는 때에 해당 부동산을 매각함으로써 자본소득(Capital Gain) 성격의 매각차익을 획득하는 것을 주된 운용전략으로 취한다.

(2) 수익 및 위험요소

임대형 부동산펀드의 기본적인 수익원천은 취득한 부동산을 임대함에 따라 임대기간 동안 발생하는 임대수익과 해당 부동산을 매각함에 따라 매각 시점에 발생하는 매각차익이다.

임대형 부동산펀드는 당초 목표로 한 적정 수준의 임대수익을 확보함으로써 펀드의 수익률을 안정적으로 유지하는 동시에 양호한 수준의 매각차익을 추가로 확보함으로써 펀드의 수익률을 증대시키는 것을 목적으로 하는 펀드로서, 실물형 부동산펀드를 대표하는 펀드라 할 수 있다.

임대형 부동산펀드가 당초 목표로 한 적정 수준의 임대수익을 확보하기 위해서는 임대기간 동안 임차인으로부터 적정 수준의 임대료를 안정적으로 수령할 필요가 있다. 또한 임대료 이외의 관리비·주차료·전용선임대료 등의 기타 소득도 병행하여 수령할 필요가 있으며, 특히 관리비는 임대수익에 대한 기여도가 높은 편이므로 적정 수준의 관리비를 책정하여 수령해야 할 것이다.

그런데 임대형 부동산펀드가 당초에 목표로 했던 적정 수준의 임대수익을 확보하지 못하는 위험요인들이 있으며, 가장 대표적인 위험요인이 바로 공실률이다. 임대형 부동산펀드에서 취득한 부동산의 임대 가능 공간 중에서 임대되지 못한 공간이 차지하는 비율인 공실률은, 해당 부동산의 취득 당시부터 임대되어 있지 않은 경우는 물론 기존 임대차계약기간이 종료되었음에도 불구하고 임차인이 갱신을 하지 않는 경우 또는 새로운 임차인을 확보하지 못하는 경우에 발생한다. 이러한 공실률이 높을수록 임대수익이 감소하여 결국 임대형 부동산펀드의 수익률을 하락시키는 주된 위험요인이 되는 것이다. 또한 임대형 부동산펀드가 당초 목표로 한 적정 수준의 임대수익 확보가 가능한 공실률이 유지되는 경우라 하더라도 임차인이 임대료 지급을 연체하거나 임차인에게 임대료 지급을 할 수 없는 사정이 발생할 경우에는 임대수익이 감소하여 임대형 부동산펀드의 수익률을 하락시키는 추가적인 위험요인이 될 수 있다.

또한 임대형 부동산펀드에서 적정 수준의 임대수익을 확보하기 어려운 위험 요인으로는 해당 부동산 임대에 따라 발생하는 경비가 과다하게 발생하는 경우를 생각할 수 있다. 해당 부동산과 관련된 광열비, 전기 및 수도료, 보안비용, 청소비, 관리인건비, 각종 보험료, 광고료 등 경비가 과다한 경우에는 임대수익을 감소시키는 위험요인으로 작용될 수 있다.

한편 임대형 부동산펀드에서 부동산을 취득하기 위해 차입을 한 경우, 대출이자나 대출취급수수료 등 차입 관련 비용이 과다하게 발생하는 것도 위험요인의 하나로 볼 수 있다. 임대형 부동산펀드에서 취득한 부동산을 담보로 한 차입을 통해 임대수익을 제고하고자 하는 경우, 차입 관련 비용이 과다한 경우에는 차입의 효과가 미미할 수 있다. 특히 공실률의 증가나 임대료의 미지급과 같은 임대수익을 감소시키는 사유가 발생하는 경우, 과다한 차입 관련 비용은 임대형 부동산펀드의 수익률을 악화시키는 요인으로 작용할 것이다.

한편 임대형 부동산펀드의 수익률을 좀 더 높이기 위해서는 일정 수준이상의 매각차익을 추가로 확보하는 것이 필요하다. 이를 위해서는 해당 부동산의 매각 가격이 취득가격 대비 적정 수준이상으로 높아야 할 것이다. 따라서 부동산의 매각 시점도 중요한 요소라고 할 수 있다.

(3) 주요 점검 필요사항

임대형 부동산펀드에서 임대수익은 기본적으로 공실률과 임대료에 의해 결정되므로 경제상황이나 주변 상권 현황 등과 같이 공실률과 임대료에 영향을 미치는 요소 등에 대해 우선적으로 점검할 필요가 있다.

임대형 부동산펀드의 수익률에 부정적인 영향을 미치는 기본적인 요인은 취득한 부동산의 공실률 증가에 따른 임대수익의 하락이며, 따라서 임대형 부동산펀드에 대한 투자 시점에 해당 부동산의 공실률 현황과 함께 향후 예상 공실률 추이를 점검할 필요가 있다.

임대형 부동산펀드의 수익률에 부정적인 영향을 미치는 또 다른 요인으로는 취득한 부동산의 임대료 하락에 따른 임대수익의 감소이다. 따라서 임대형 부동산펀드에 대한 투자 시점에 해당 부동산의 임대료 현황과 함께 향후 임대료의 예상 추이 등을 점검할 필요가 있다.

일반적으로 전반적인 경기침체가 발생하거나, 취득한 부동산의 주변 상권이 취약한 경우에는 임대형 부동산펀드에서 취득한 부동산의 공실률이 증가하고 임대료가 감소할 가능성이 높으며, 이에 따라 펀드의 수익률이 감소될 위험이 있다. 따라서 이러한 상황에서 임대형 부동산펀드를 판매하는 경우에는 향후의 경기 전망 및 주변 상권의 추이 등에 대한 사전적인 점검을 충분히 하여야 할 것이다.

한편, 임대형 부동산펀드의 수익률을 제고하기 위해 차입을 하는 경우에는 차입규모가 과다하면 대출이자의 원활한 지급이 곤란해질 수 있는 위험이 있으므로 차입규모가 적정한지에 대해 사전 점검을 할 필요가 있다. 또한 대출이자나 대출취급수수료 등 차입 관련 비용이 높은 경우에는 임대수익을 하락시키는 요인으로 작용할 수 있기 때문에 대출이자나 대출취급수수료 등 차입 관련 비용이 적정 수준인지에 대한 점검 또한 필요할 것이다.

임대형 부동산펀드는 펀드만기 이전에 부동산을 시장에서 매각해야 하기 때문에 향후 부동산시장 환경의 변화와 부동산 가격 동향을 검토하는 것이 매우 중요하다. 특히 펀드 만기 시 경기침체가 지속되는 등 부동산시장에 비우호적인 환경이 형성될 경우에는 해당 부동산의 매각이 원활하게 이루어지지 않아 펀드의 환금성 확보에 어려움을 겪게 될 것이며, 설령 해당 부동산이 매각이 된다 하더라도 당초 기대했던 가격보다 낮은 수준에서 매각되어 펀드의 수익률이 낮아지는 위험을 감수해야 할 것이다. 따라서 부동산펀드의 투자시점에 투자대상 부동산이 펀드 만기 시점에 원활히 매각될 수 있는지 여부 및 해당 부동산이 속한 시장이 향후 성장성이 있는 시장인지를 사전에 점검할 필요가 있을 것이다.

자본시장법상의 임대형 부동산펀드와 유사한 내용을 가지고 있는 부동산 간접투자상품으로는 부동산투자회사법에 따른 리츠(REITs : Real Estate Investment Trusts)가 있다. 리츠는 대부분 수익형 부동산을 대상으로 포트폴리오를 구성하고, 해당 수익성 부동산을 임대한 후 매각하는 형태로 운용되고 있는 것이 일반적이다.

2 개량형 부동산펀드

(1) 개요

개량형 부동산펀드는 업무용 오피스빌딩, 상업시설, 호텔 등을 취득한 후, 해당 부동산의 용도를 변경하거나 리모델링 등을 통해 취득한 부동산의 가치를 더욱 높여 임대하거나 이를 매각하여 투자수익을 취득하는 것을 주요 목적으로 한다.

(2) 수익 및 위험요소

개량형 부동산펀드는 취득한 부동산의 적극적인 개량(Improvement)을 통해 해당 부동산의 가치, 즉 자산가치 및 수익가치를 증대시킴으로써 임대수익 및 매각차익을 얻는 것이 핵심적인 목표이다. 하지만 개량에 소요되는 비용에 비해 임대수익이나 매각차익이 크지 않은 경우에는 오히려 펀드의 수익률을 떨어뜨리는 위험을 가져다 줄 수 있다. 부동산을 개량하기 위해서는 인허가 절차가 필요하며, 이러한 절차가 지연되는 경우 추가적인 비용이 발생할 위험이 높다. 특히 부동산의 개량 과정에서 발생할 수 있는 민원은 인허가 절차에 직·간접적인 영향을 미칠 수 있으며, 만약 소송 등으로 이어지는 경우에는 사업진행에 많은 어려움을 겪을 수 있다는 점을 감안해야 한다.

(3) 주요 점검 필요사항

부동산을 개량하는 경우 개량이후 임대수익이 증가하거나, 향후 매각 시 매각차익이 증가할 수 있는지에 대한 사전 검토가 필요하다. 개량에 투자한 비용에 비해 수익이 발생하지 않는다면 펀드의 수익률은 낮아질 수밖에 없기 때문이다.

개량형 부동산펀드에서 취득한 부동산을 개량하기 위해 소요되는 개량비용은 해당 부동산과 관련된 광열비, 전기 및 수도료 등과 같은 일반적인 경비가 아니라 해당 부동산의 가치를 증가시키기 위한 일종의 자본적 지출(Capital Expenditure)이기 때문에 개량비용의 규모가 적지 않을 것이다. 따라서 소요된 개량비용에 상응하는 경제적 효과가 펀드의 수익률 상승으로 이어질 수 있는지에 대한 검토가 반드시 필요하다. 아울러 개량에 대한 인허가가 용이한지 여부와 민원 등 기타 위험요소 발생 가능성을 사전에 점검할 필요가 있다.

3 경공매형 부동산펀드

(1) 개요

'경공매형 부동산펀드'는 법원이 실시하는 경매 또는 자산관리공사가 실시하는 공매 등을 통해 주로 업무시설, 상업시설, 숙박시설 등을 저가에 취득하여 매각차익만을 획득하거나 또는 임대수익과 매각차익을 동시에 획득하는 것을 주된 목적으로 하는 부동산펀드이다. 경매나 공매와 같은 매각절차를 통해 시장 가격 대비 상대적으로 낮은 가격에 부동산을 취득하여 적정 가격에 매각함으로써 매각차익을 추구하는 점에서 일종의 저평가된 부동산에 투자하는 '가치투자형 부동산펀드'의 성격을 가지고 있다고 할 수 있다.

(2) 수익 및 위험요소

경공매형 부동산펀드는 펀드재산으로 투자할 부동산 등을 미리 특정하지 않은 상태에서 펀드자금을 모집하고, 펀드자금을 모집한 후에 비로소 투자할 부동산 등을 탐색하여 투자하는 '사전 불특정형 방식(Blind 방식)'을 취하고 있다.

이와 같이 경공매형 부동산펀드는 사전적으로 모집된 자금을 활용하여 수익성과 환금성이 우수한 경공매 부동산에 적기에 투자함으로써 펀드수익률을 제고할 수가 있을 것이다. 그러나 '사전 불특정형 방식'에 의해 사전적으로 모집된 자금을 충분히 보유하고 있더라도, 경공매 부동산시장의 위축 등으로 인해 투자가능한 물량 부족 등 투자대상에 대한 미확보 상태가 지속될 경우 기간이 경과할수록 펀드의 수익률이 점차 하락하게 되는 위험에 노출될 수 있다. 또한 펀드에서 취득하는 경공매 부동산을 둘러싼 다양한 법적 문제의 처리에 소요되는 시간과 과다한 비용 문제로 인해 펀드의 수익률에 부정적인 영향을 미칠 수 있다.

경공매 부동산의 경우 일반적으로 시세보다 싼 가격에 낙찰되므로 비교적 단기간에 시세차익을 기대할 수 있지만, 경공매 부동산시장이 과열되는 경우에는 경매 부동산에 대한 감정 가격 대비 낙찰 가격의 비율인 낙찰가율이 증가하게 되어 시세차익을 취하고자 하는 경공매형 부동산펀드의 목적을 달성하기 어려운 경우가 발생할 수 있다.

일반적으로 일반인들의 참여가 용이한 아파트나 토지 등을 대상으로 하는 경공매 부동산시장에 있어서는 시장이 과열될 경우 낙찰가율이 증가하게 되므로, 투자자가 원하는 수준의 펀드수익률을 달성하기 어려울 수 있다. 이에 반해 업무시설 또는 상업시설 등의 상업용 부동산의 경우에는 권리분석이나 명도과정이 복잡하고 또한 경공매 참여자금의 규모가 크기 때문에 일반인들의 참여가 용이하지 않다. 이로 인해 낙찰가율도 상대적으로 낮게 유지될 가능성이 높으므로 이러한 상업용 부동산을 대상으로 하는 경공매형 부동산펀드가 보다 양호한 수익을 실현할 가능성이 높은 편이다.

(3) 주요 점검 필요사항

❶ 부동산 운용 전문인력의 전문성 보유 여부 : 매입할 가치가 있는 경공매 부동산의 탐색, 해당 부동산의 투자수익 분석, 해당 부동산 확보를 위한 입찰 참가, 안정적인 현금흐름을 확보하기 위한 해당 부동산의 임대, 유동성 확보를 위한 해당 부동산의 처분 등 경공매형 부동산펀드 운용과정에는 일반적인 부동산펀드와는 달리

높은 수준의 경공매분야에 대한 지식과 경험이 필요하다. 따라서 경공매형 부동산 펀드를 운용하는 부동산 운용 전문인력이 이러한 적격요건을 충족하고 있는지를 사전에 확인해야 한다.

❷ 펀드 규모의 적정성 : 경공매형 부동산펀드의 규모가 너무 크면 경공매 부동산을 펀드의 적정 수준까지 편입할 때까지 펀드 내 미운용자금(Idle Money)의 비중이 높아 펀드의 수익률이 상당기간 낮은 상태를 유지하게 될 것이며, 반대로 경공매형 부동산펀드의 규모가 너무 작으면 소수의 경공매 부동산에 집중투자됨에 따라 펀드의 투자위험이 커질 수 있다. 실제로 상당히 큰 규모의 경공매형 부동산펀드를 설정한 집합투자업자가 해당 펀드의 설정 이후 상당기간 동안 경공매 부동산을 확보하지 못하여 곤란을 겪은 사례도 있다. 따라서 경공매형 부동산펀드를 설정·설립하는 시점의 경공매 부동산시장 상황을 고려하여 경공매형 부동산펀드의 모집 규모가 적정한지를 사전에 충분히 검토해야 한다.

❸ 체계적이고 투명한 펀드 운용 가능성 여부 : 경공매형 부동산펀드는 '사전 불특정형 방식(Blind 방식)'으로 운용되는 펀드이므로, 사전적으로 모집된 펀드자금을 운용함에 있어서 체계적이고 투명하게 펀드를 운용할 수 있는 운용 프로세스 및 운용 매뉴얼이 필요하다. 따라서 해당 집합투자업자가 이와 같은 운용 프로세스 및 운용 매뉴얼을 포함하여 경공매형 부동산펀드를 체계적이고 투명하게 운용할 수 있는 운용체제를 제대로 구축하고 있는지를 사전에 확인해야 한다.

❹ 펀드 관련 비용의 적정성 여부 : 경공매형 부동산펀드의 경우 경공매 부동산의 확보와 관련된 정보수집, 입찰, 명도, 임대, 처분 등에 전문적인 지식과 경험이 필요하므로 각 분야의 전문기관들에게 아웃소싱을 해야 할 필요성이 있다. 그런데 이러한 아웃소싱에 과다한 비용이 발생할 경우 이는 펀드 수익률의 저하로 이어질 수 있으며, 아웃소싱 하는 기관의 전문성 등이 부족할 경우 또다른 위험에 노출될 우려가 있다. 따라서 경공매형 부동산펀드에서 아웃소싱하는 대상 전문기관이 적절한지 여부와 그 지급하는 비용이 펀드수익률에 미치는 영향 등을 면밀하게 검토해야 한다.

4 개발형 부동산펀드

(1) 개요

'개발형 부동산펀드'는 부동산을 취득한 후 직접 부동산 개발사업을 추진하여 부동산을 분양·매각하거나 또는 임대 후 매각함으로써 부동산 개발사업에 따른 개발이익을 획득하는 것을 목적으로 하는 실물형 부동산펀드를 의미한다.

개발형 부동산펀드는 해당 펀드가 직접 부동산 개발사업을 영위하는 법인, 즉 시행사의 역할을 수행함으로써 적극적으로 부동산 개발사업의 이익을 획득한다는 측면에서 '직접개발방식의 부동산펀드'라고도 할 수 있다.

(2) 수익 및 위험요소

자본시장법은 집합투자업자가 개발형 부동산펀드의 펀드재산으로 부동산 개발사업에 투자하고자 하는 경우, 사전에 사업계획서를 작성하도록 하고 있다. 또한 해당 사업계획서가 적정한지의 여부에 대하여 감정평가 법인등의 확인을 받도록 하고 있으며, 이를 인터넷 홈페이지 등에 공시하도록 의무화하고 있다.

이와 같이 자본시장법에서 부동산 개발사업의 추진을 목적으로 하는 개발형 부동산펀드에 대해 사업계획서의 사전 작성을 의무화한 것은 해당 집합투자업자가 부동산 개발사업의 전 과정에 대해 사전에 제대로 이해하고, 부동산 개발사업에 내재된 제반 위험요인들을 사전에 충분히 점검하도록 함으로써 적정 수준의 부동산 개발이익을 획득하고자 하는 개발형 부동산펀드의 목적을 효과적으로 달성하도록 하기 위한 것이다.

그런데 개발형 부동산펀드에서 추진하던 부동산 개발사업이 지연되거나 실패하는 경우, 즉 부동산 개발사업에 따라 조성된 토지 또는 해당 토지 위에 신축된 건축물 등의 분양 또는 임대에 장기간이 소요되거나, 분양실적 또는 임대실적 자체가 매우 저조한 경우에는 해당 개발형 부동산펀드로의 자금유입이 원활하지 않아 펀드투자자에 대한 이익분배금 지급에 장애를 초래할 수 있다. 또한 이로 인해 해당 토지 또는 건축물 등의 가치 하락을 초래하게 될 것이며, 결국 당초 개발형 부동산펀드가 목표로 한 펀드수익률에 미달하게 됨은 물론이고 나아가 펀드원본 손실의 위험도 발생할 수 있다.

(3) 주요 점검 필요사항

개발형 부동산펀드를 판매함에 있어서 다음의 사항에 대해 사전에 충분히 검토할 필요가 있다.

❶ 부동산 개발사업을 성공적으로 추진하기 위해 필요한 요소들이 사업계획서상에 충분히 포함되어 있는지 여부

❷ 부동산 개발사업을 추진하기 위해 필요한 사업부지가 완전히 확보되어 있는지 여부

❸ 토지를 조성하거나 건축물 등을 신축하기 위해 우량한 시공사가 선정되어 있는지 여부

❹ 부동산 개발사업을 추진하는 데 필요한 인·허가는 받았는지 또는 받을 가능성이 충분한지 여부

❺ 당해 부동산 개발사업의 사업성이 충분한지 여부(조성한 토지 또는 신축한 건축물 등의 분양·매각 또는 임대 가능성이 충분한지 여부)

---

section 02 | 대출형 부동산펀드

1 | 프로젝트 파이낸싱

(1) 개요

'프로젝트 파이낸싱(Project Financing)'은 일반적으로 「'은행·증권회사·보험회사·저축은행 등 금융기관이나 연기금·공제회·조합 등 공적자금 또는 부동산펀드 등'에서, '특정 부동산 개발사업을 영위하는 것을 목적으로 하는 시행법인'에 대해, 해당 프로젝트의 사업성에 따라 자금을 제공해 주고, 향후 해당 프로젝트의 시행으로 인해 얻어지는 수입금으로 제공한 자금을 회수하는 금융기법」이라고 할 수 있다. 시행법인에 대해 자금을 제공하는 '프로젝트 파이낸싱' 방식에는 크게 '출자(Equity Financing)방식'과 '대출(Debt Financing)방식'이 있으며, 우리나라는 대부분 시행법인에 대출의 형태로 자금을

제공하는 방식으로 이루어진다. 이하 '프로젝트 파이낸싱'은 대출방식을 의미하는 것으로 설명한다.

기존의 일반적인 자금제공 방식인 '기업금융'은 특정 사업자가 제공하는 담보나 해당 사업자의 신용에 근거하여 자금을 대출하는 방식이다. 반면에 '프로젝트 파이낸싱'은 특정 프로젝트를 시행하는 시행법인이 제공하는 담보나 신용이 아니라 해당 프로젝트 자체의 사업성에 근거하여 자금을 대출하는 방식을 가지고 있다. 즉, '프로젝트 파이낸싱'이란 해당 프로젝트 자체에서 발생하는 현금흐름(Cash Flow)을 대출자금의 상환 재원으로 인식하여 대출방식으로 자금을 제공해 주는 금융조달방식을 의미하는 것으로 볼 수 있다.

(2) 특징

'프로젝트 파이낸싱'은 일반적으로 대규모 자금이 소요되고 공사기간이 장기인 프로젝트에 대한 자금제공 수단으로 활용되나, 비교적 적은 자금이 소요되고 공사기간이 짧은 프로젝트에 대한 자금제공 수단으로도 많이 활용되고 있다. 이러한 '프로젝트 파이낸싱'의 구체적인 특징으로는 다음을 들 수 있다.

첫째, 담보대출 또는 신용대출 형태를 띠는 기존의 기업금융방식에 비해 자금공급의 규모가 큰 것이 일반적이다. 즉, 금융기관 또는 부동산펀드 등은 해당 프로젝트의 사업성에 따라 자금을 공급하므로 단순히 담보 또는 신용에만 의존하는 기업금융방식에 비해 자금공급의 규모가 클 가능성이 높고, 특히 해당 프로젝트의 사업성에 더하여 담보나 보증이 추가로 보완될 경우 그 규모가 더욱 커질 수 있다.

둘째, '비소구금융 혹은 제한적 소구금융(non or limited recourse financing)'의 특징을 가지고 있다. 이는 특정 프로젝트 시행법인이 해당 '프로젝트 파이낸싱'에 있어서 차주의 지위를 가지게 되며, 해당 프로젝트 시행법인에 출자하여 실질적으로 프로젝트를 영위하는 자(이하 '실질사업자')는 '프로젝트 파이낸싱'으로 인해 발생하는 제반 의무를 부담하지 아니하거나 또는 일정한 범위 내에서 제한적인 의무만을 부담한다는 것을 의미한다. 다시 말해서 해당 프로젝트 시행법인이 도산하는 경우에는 금융기관 또는 부동산펀드 등은 원칙적으로 그 프로젝트 시행법인이 보유하고 있는 자산과 해당 프로젝트로부터 발생되는 현금흐름의 범위 내에서 대출채권의 상환청구를 할 수 있을 뿐이고, 실질적인 사업자에 대해서는 대출채권의 회수와 관련된 어떠한 청구도 할 수 없거나 또는 제한된 범위 내에서만 청구를 할 수 있다는 것을 의미한다.

셋째, '부외금융(off-balance sheet financing)'의 성격을 가진다. 프로젝트의 시행과 관련하여 발생된 부채는 프로젝트 시행법인이 부담하므로, 실질사업자는 자신의 재무상태표상에 당해 프로젝트와 관련된 부채를 계상하지 아니한다. 이러한 부외금융의 성격으로 인해 만약 해당 프로젝트가 실패하는 경우에도 실질사업자는 프로젝트 시행법인에 대한 출자금의 한도 내에서만 책임을 지거나 또는 프로젝트와 관련된 부채에 대해 사전에 정한 제한된 범위 내에서만 책임을 지게 된다. 따라서 실질사업자는 부외금융적 성격을 가진 '프로젝트 파이낸싱'을 활용하여 실질적으로 프로젝트를 영위하면서도 자신의 신용도에는 제한적인 영향만을 받게 되는 효과를 가지게 된다.

넷째, 다양한 주체의 참여가 가능하고, 참여한 주체별로 위험배분이 가능하다. 앞서 언급한 바와 같이 '프로젝트 파이낸싱'은 기본적으로 프로젝트 자체의 사업성에 따라 자금을 대출하는 '비소구금융'의 특징을 가지고 있지만, 그만큼 채권자가 부담하는 대출위험은 증가하게 된다. 따라서 금융기관 또는 부동산펀드 등과 같은 채권자는 대출위험을 줄이기 위해 자금을 조달받는 프로젝트 시행법인에 대해 신용보강을 요구하는 것이 일반적이다. 이 경우 프로젝트 시행법인은 실질사업자나 제3자 또는 도급계약을 통해 시공에 참여하는 시공사 또는 시공사의 계열회사 등의 지급보증이나 채무인수 또는 책임분양 등과 같은 신용보강을 제공하게 된다.

2 대출형 부동산펀드

(1) 개요

'대출형 부동산펀드'는 '부동산 개발사업을 영위하는 법인(이하 '시행법인') 등에 대한 대출'을 주된 운용행위로 하고, 해당 시행법인 등으로부터 대출원리금을 지급받아 수익을 내는 것을 운용목적으로 하는 부동산펀드를 의미한다. 앞서 살펴본 바와 같이 일반적으로 '프로젝트 파이낸싱(Project Financing : PF)형 부동산펀드'라고도 불린다.

일반적으로 대출형 부동산펀드는 시행사로부터의 대출이자 지급 및 대출원금 상환을 담보하기 위해 별도의 대출채권담보장치를 마련할 필요가 있다. 왜냐하면 사업의 시행법인은 자본금이 적고, 신용평가등급이 없으며, 추진하고자 하는 개발사업의 사업성을 대출 시점에 확정할 수 없기 때문이다. 이러한 취지에서 자본시장법은 부동산펀드에서 부동산 개발회사 등에 대해 대출을 할 때에 '부동산에 대하여 담보권을 설정하거나 시공사 등으로부터 지급보증을 받는 등 대출금을 회수하기 위한 적절한 수단을 확보할 것'을 요구하고 있다.

(2) 수익 및 위험요소

대출형 부동산펀드가 시행법인으로부터 대출원리금을 원활하게 회수하기 위해서는 추진하고 있는 부동산 개발사업이 성공적으로 마무리되는 것이 중요하다.

그러나 부동산 개발사업은 다양한 변수로 인해 지연되거나 또는 실패할 위험성이 내재되어 있으며, 이러한 위험성이 현실적으로 나타날 경우 대출이자 지급 및 대출원금 상환이 지연되거나 중단될 수 있다. 이는 결국 대출형 부동산펀드의 수익률 하락은 물론 나아가 펀드의 원본손실 위험 발생가능성을 높이는 요인이 된다.

따라서 대출형 부동산펀드에서는 시행법인의 채무불이행 위험으로부터 대출채권을 담보하기 위해 우선적으로 시행법인이 대출을 받아 소유하게 되는 사업부지인 부동산에 대해 담보권을 설정하고, 이에 더하여 시공사의 책임준공 확약, 시공사의 지급보증·채무인수·책임분양·공사비 후순위·부족자금 충당 등과 같은 다양한 형태의 신용보강장치를 마련해 두고 있다.

그러나 이러한 신용보강장치에도 불구하고 부동산 경기의 위축 등 부동산시장을 둘러싼 제반 환경이 악화되는 경우에는 사업부지인 부동산의 담보가치가 약화될 수 있다. 또한 시공사 등의 신용도가 악화됨에 따라 지급보증 또는 채무인수의 효력이 약화될 수 있는 위험성이 있으며, 이는 결국 대출형 부동산펀드의 위험으로 귀결될 수 있다.

(3) 주요 점검 필요사항

❶ 시행법인의 사업부지확보 : 대출형 부동산펀드로부터 대출을 받고자 하는 시행법인은 해당 사업부지를 확보하는 것이 사업수행을 위한 필수요건이다. 따라서 사업부지를 확보하지 못할 위험은 없는지부터 점검하는 것이 반드시 필요하다. 실제로 대출형 부동산펀드를 설정하였지만, 시행사가 사업부지를 확보하지 못해 해당 대출형 부동산펀드가 조기에 해지된 사례도 발생한다.

❷ 시공사의 신용평가등급 등 : 대출형 부동산펀드가 시공사의 책임준공 확약을 받고, 더 나아가 지급보증 또는 채무인수 등 신용보강을 받은 경우에는 시공사의 신용도가 매우 중요한 의미를 갖게 된다. 따라서 대출형 부동산펀드에 대해 책임준공 확약, 지급보증 또는 채무인수 등 신용보강을 한 시공사의 신용평가등급을 확

인하여 해당 시공사의 책임준공의무 이행능력, 지급보증력 또는 채무인수력 등의 유무와 정도를 사전에 점검하여야 한다. 일반적으로 대출형 부동산펀드는 책임준공 확약, 지급보증 또는 채무인수 등 신용보강을 하는 시공사의 신용평가등급으로 투자적격등급인 BBB(-) 이상을 요구하고 있지만, 시장 상황에 따라 요구되어지는 신용평가등급이 상향 조정되기도 한다.

또한 대출형 부동산펀드의 경우 시공사의 신용평가등급과 함께 해당 시공사의 건설도급순위도 점검할 필요가 있으며, 특히 시공규모가 큰 부동산 개발사업의 경우에는 해당 시공사의 건설도급순위가 시공규모에 부합할 수 있는 수준이 되는지 여부를 반드시 확인해야 한다.

한편 시공사가 책임준공 확약, 지급보증 또는 채무인수 등 신용보강을 하는 시점에 신용평가등급이 양호하고 건설도급순위도 상위에 있는 경우에는 일반적으로 해당 시공사의 책임준공 이행능력, 지급보증력 또는 채무인수력 등이 인정될 수 있을 것이다. 그러나 만일 대출형 부동산펀드에서 시행사에 대해 대출을 하는 시점에 인접하여 해당 시공사의 신용상태 또는 재무상태 등을 악화시키는 특별한 사유나 사건 등이 발생한다면, 대출형 부동산펀드에 대한 책임준공 이행능력, 지급보증력 또는 채무인수력이 약화될 수 있기 때문에 시공사와 관련된 전반적인 현황에 대한 사전적인 점검이 이루어져야 한다.

❸ 시행법인의 인허가 : 시행법인이 부동산 개발사업을 하기 위해서는 관할 행정당국의 인허가를 받아야 한다. 만약 시행법인에 대한 대출이 발생했음에도 불구하고 인허가를 취득하지 못하는 경우가 발생한다면 사업시행에 문제가 발생할 수 있다. 특히 인허가를 취득하는데 과도한 기간이 소요되거나 지연되는 경우 또는 궁극적으로 인허가를 받지 못하게 되는 상황이 발생한다면 대출금의 원리금회수에 심각한 위험요인으로 작용하게 된다.

❹ 부동산 개발사업의 사업성 : 대출형 부동산펀드에서 시행법인에 대해 대출을 하는 경우에는 사전에 해당 부동산 개발사업의 사업성 유무등을 분석한 후에 대출 여부를 결정하고 있다.

그럼에도 불구하고 해당 부동산 개발사업의 사업성에 악영향을 주는 요인들은 없는지에 대하여 지속적으로 점검하고, 필요한 경우 적절한 조치를 취해야 한다.

section 03 | 증권형 부동산펀드

1 | 증권형 부동산펀드의 개요

(1) 의미

자본시장법상 부동산펀드는 펀드재산의 50%를 초과하여 '부동산과 관련된 증권'에 투자가 가능하며, 실무적으로 이를 '증권형 부동산펀드'로 구분할 수 있다. 자본시장법에서는 40% 이상으로서 시행령이 정하는 비율을 초과하여 투자한 펀드로 규정하고 있으며, 시행령에서 그 범위를 50%로 규정하고 있다(법 제229조 제2호, 영 제240조 제3항).

(2) 유형

자본시장법상 증권형 부동산펀드는 펀드재산의 50%를 초과하여 투자하는 '부동산과 관련된 증권'의 형태에 따라 다음과 같은 유형으로 구분할 수 있다.

❶ 특정한 부동산 관련 자산[1]이 신탁재산, 집합투자재산, 유동화자산의 50% 이상을 차지하는 경우의 해당 '수익증권', '집합투자증권', '유동화증권'에 펀드재산의 50%를 초과하여 투자하는 경우

❷ 부동산투자회사가 발행한 주식에 펀드재산의 50%를 초과하여 투자하는 경우

❸ 부동산개발회사가 발행한 증권에 펀드재산의 50%를 초과하여 투자하는 경우

❹ 부동산투자목적회사[2]의 발행지분에 펀드재산의 50%를 초과하여 투자하는 경우

❺ 다음의 증권에 펀드재산의 50%를 초과하여 투자하는 경우

---

1   ① 부동산, ② 지상권·지역권·전세권·임차권·분양권 등 부동산 관련 권리, ③ 「기업구조조정 촉진법」 제2조 제3호에 따른 채권금융기관(이에 준하는 외국 금융기관과 「금융산업의 구조개선에 관한 법률」에 따른 금융기관이었던 자로서 청산절차 또는 「채무자 회생 및 파산에 관한 법률」에 따른 파산절차가 진행 중인 법인을 포함한다)이 채권자인 금전채권(부동산을 담보로 한 경우만 해당한다)
2   이 경우 부동산투자목적회사는 다음의 요건을 모두 갖추어야 한다.
    ① 부동산(법 제229조 제2호에 따른 부동산을 말한다) 또는 다른 부동산투자목적회사의 증권, 그 밖에 금융위원회가 정하여 고시하는 투자대상자산에 투자하는 것을 목적으로 설립될 것
    ② 해당 회사와 그 종속회사(「주식회사 등의 외부감사에 관한 법률 시행령」 제3조 제1항에 따른 종속회사를 말한다)가 소유하고 있는 자산을 합한 금액 중 부동산을 합한 금액이 100분의 90 이상일 것

- 부동산, 그 밖에 금융위원회가 정하여 고시하는 부동산 관련 자산[3]을 기초로 하여「자산유동화에 관한 법률」제2조 제4호에 따라 발행된 유동화증권으로서 그 기초자산의 합계액이「자산유동화에 관한 법률」제2조 제3호에 따른 유동화자산 가액의 100분의 70 이상인 유동화증권
- 「한국주택금융공사법」에 따른 주택저당채권담보부채권 또는 주택저당증권(「한국주택금융공사법」에 따른 한국주택금융공사 또는 제79조 제2항 제5호가목부터 사목까지의 금융기관이 지급을 보증한 주택저당증권을 말한다)

2 　특정 부동산자산 관련 증권에 투자하는 증권형 부동산펀드

(1) 의미

'특정 부동산자산 관련 증권에 투자하는 증권형 부동산펀드'란 펀드재산의 50%를 초과하여 '특정 부동산자산 관련 증권'에 투자하는 증권형 부동산펀드를 의미한다.

여기서 말하는 '특정 부동산자산 관련 증권'이란 '부동산, 지상권 · 지역권 · 전세권 · 임차권 · 분양권 등 부동산 관련 권리, 금융기관이 채권자인 부동산담보부 금전채권 중 어느 하나에 해당하는 자산이 신탁재산, 집합투자재산, 유동화자산의 50% 이상을 차지하는 경우의 해당 수익증권, 집합투자증권, 유동화증권'을 의미한다.

(2) 개요

자본시장법에 따라 '특정 부동산자산 관련 증권에 투자하는 증권형 부동산펀드'의 형태를 '부동산자산'을 기준으로 다음과 같이 세분화할 수 있다.

❶ 특정 부동산자산이 '부동산'인 경우
　　ㄱ. 펀드재산의 50%를 초과하여 '부동산이 신탁재산의 50% 이상을 차지하는 경우의 수익증권'에 투자하는 경우
　　ㄴ. 펀드재산의 50%를 초과하여 '부동산이 집합투자재산의 50% 이상을 차지하는 경우의 집합투자증권'에 투자하는 경우
　　ㄷ. 펀드재산의 50%를 초과하여 '부동산이 유동화자산의 50% 이상을 차지하는

3 　① 부동산매출채권(부동산의 매매 · 임대 등에 따라 발생한 매출채권을 말한다), ② 부동산담보부채권

경우의 유동화증권'에 투자하는 경우

❷ 특정 부동산자산이 '지상권·지역권·전세권·임차권·분양권 등 부동산 관련 권리'인
경우

　ㄱ. 펀드재산의 50%를 초과하여 '부동산 관련 권리가 신탁재산의 50% 이상을 차
지하는 경우의 수익증권'에 투자하는 경우

　ㄴ. 펀드재산의 50%를 초과하여 '부동산 관련 권리가 집합투자재산의 50% 이상
을 차지하는 경우의 집합투자증권'에 투자하는 경우

　ㄷ. 펀드재산의 50%를 초과하여 '부동산 관련 권리가 유동화자산의 50% 이상을
차지하는 경우의 유동화증권'에 투자하는 경우

❸ 특정 부동산자산이 '금융기관이 채권자[4]인 부동산담보부 금전채권'인 경우

　ㄱ. 펀드재산의 50%를 초과하여 '부동산담보부 금전채권이 신탁재산의 50% 이상
을 차지하는 경우의 수익증권'에 투자하는 경우

　ㄴ. 펀드재산의 50%를 초과하여 '부동산담보부 금전채권이 집합투자재산의 50%
이상을 차지하는 경우의 집합투자증권'에 투자하는 경우

　ㄷ. 펀드재산의 50%를 초과하여 '부동산담보부 금전채권이 유동화자산의 50% 이
상을 차지하는 경우의 유동화증권'에 투자하는 경우

이처럼 자본시장법은 부동산이나 부동산 관련 권리 또는 부동산담보부 금전채권이
신탁재산, 집합투자재산, 또는 유동화자산에서 50% 이상을 차지하고 있는 경우에 각각
발행되는 수익증권, 집합투자증권 또는 유동화증권을 부동산 관련 증권으로 인정하고
있고, 이러한 부동산 관련 증권에 펀드 재산의 50%를 초과하여 투자하는 펀드를 부동
산펀드로 인정하고 있는 것이다.

자본시장법이 이러한 유형의 부동산펀드를 허용한 취지는, 부동산펀드에서 직접 부
동산이나 부동산 관련 권리 또는 부동산담보부 금전채권에 투자하는 대신 간접적으로
이들 자산과 관련성이 있는 부동산 관련 증권에 투자함으로써 동일 또는 유사한 효과
를 가질 수 있도록 하기 위함이다. 즉, 부동산이나 부동산 관련 권리 또는 부동산담보
부 금전채권이 어떤 신탁재산, 집합투자재산 또는 유동화자산의 주된 투자운용대상에

---

4 「기업구조조정 촉진법」 제2조 제3호에 따른 채권금융기관(이에 준하는 외국 금융기관과 「금융산업의
　구조개선에 관한 법률」에 따른 금융기관이었던 자로서 청산절차 또는 「채무자 회생 및 파산에 관한 법
　률」에 따른 파산절차가 진행 중인 법인을 포함한다)을 의미한다.

포함되어 있으며, 그 운용성과가 우수하다고 판단되는 경우에는 펀드재산으로 해당 수익증권, 집합투자증권 또는 유동화증권에 주로 투자함으로써 직접 이들 부동산 관련 자산에 투자하는 것과 유사한 효과를 얻을 수 있는 것이다.

만약 부동산펀드에서 부동산이나 부동산 관련 권리 또는 부동산담보부 금전채권 등에 포트폴리오 형태로 투자하고자 하는 경우에는 이들 부동산 관련 자산에 직접투자하기보다는 시장에서 판매되는 다양한 형태의 수익증권, 집합투자증권 또는 유동화증권에 분산투자하는 것이 더 효과적이라고 할 수 있다. 특히 해외의 부동산이나 부동산 관련 권리 또는 부동산담보부 금전채권에 투자하고자 하는 경우에는 현실적으로 직접 투자 보다는 우수한 실적을 내고 있는 해외의 자산운용회사가 직접 개발·운용하고 있는 수익증권, 집합투자증권 또는 유동화증권 등에 분산투자하는 것이 더욱 합리적인 방안이 될 수 있다.

3 부동산투자회사(REITs) 발행주식에 투자하는 증권형 부동산펀드

(1) 의미

'부동산투자회사 발행주식에 투자하는 증권형 부동산펀드'란 펀드재산의 50%를 초과하여 '부동산투자회사 발행주식'에 투자하는 증권형 부동산펀드를 의미한다.

(2) 개요

부동산투자회사는 최저자본금 준비기간이 끝난 후에는 매분기말 현재 총자산의 80% 이상을 부동산, 부동산 관련 증권 및 현금으로 구성하여야 한다. 이 경우 총자산의 70% 이상은 부동산(건축 중인 건축물을 포함한다)이어야 한다(「부동산투자회사법」제25조 제1항).

과거 「간접투자자산운용법」(이하 '간접투자법'이라 한다)에서는 펀드에서 주로 「부동산투자회사법」에 따른 부동산투자회사(REITs)의 발행주식에 투자하는 경우, 그 투자대상이 주식임에도 불구하고 부동산투자회사가 펀드의 속성을 가지고 있는 것으로 보아, 해당 부동산투자회사의 발행주식에 투자하는 펀드를 재간접펀드(FOFs : Fund Of Funds)에 해당하는 것으로 간주하였다.

이에 반해 자본시장법은 「부동산투자회사법」에 다른 부동산투자회사의 발행주식을 부동산과 관련된 증권으로 규정하였고, 부동산투자회사의 발행주식에 투자하는 펀드를 부동산펀드로 인정하였다. 자본시장법에서는 부동산펀드의 투자대상 자산으로 부동산

투자회사법에 따른 부동산투자회사가 발행한 주식만을 규정하고 있지만, 국내의 부동산투자회사와 동일 또는 유사한 성격의 해외부동산투자회사(이하, 해외 REITs) 등이 발행한 주식 등에 투자하는 펀드 또한 부동산펀드로 볼 수 있을 것이다.

이와 같은 부동산투자회사의 발행주식에 투자하는 증권형 부동산펀드는 국내 및 해외의 수익성 부동산을 직접 발굴하여 취득하지 않는다. 대신 수익성 부동산에의 투자·운용을 목적으로 설립된 국내 및 해외의 부동산투자회사의 발행주식 등을 매입하는 방법을 사용함으로써 국내 및 해외의 수익성 부동산에 직접 투자한 것과 동일 또는 유사한 효과를 가질 수 있는 방법으로 투자한다. 특히 부동산펀드에서 해외의 다양한 지역에 소재하는 여러 형태의 수익성 부동산에 분산투자 할 경우에는 해외 각국에 설립된 여러 부동산투자회사의 발행주식에 분산투자하는 것이 더욱 효과적일 수 있다. 이 경우 직접투자 과정에서 발생하는 여러 위험요인을 배제할 수 있으며, 또한 분산투자로 인한 투자과정의 어려움도 해소할 수 있다는 장점이 있다.

다만 글로벌 부동산시장의 침체로 인해 해외 REITs의 발행주식에 투자하는 국내 펀드의 상품성이 약화되면 해외 REITs의 주식에 투자하는 증권형 부동산펀드의 투자위험도 커질 수 있다. 그러나 중장기적인 관점에서 볼 때 해외의 수익성 부동산은 여전히 투자할 가치가 있는 유용한 투자대상 중 하나이며, 이러한 해외수익성 부동산에의 운용을 주된 목적으로 하는 해외 REITs의 발행주식 또한 매력적인 투자대상의 하나이다. 따라서 해외 REITs의 발행주식에 투자하는 자본시장법상 증권형 부동산펀드의 상품성 또한 인정될 수 있는 것이다. 다만, 자본시장법상의 증권형 부동산펀드에서 해외 REITs의 발행주식에 투자하는 경우 위험을 분산한다는 펀드의 본질에 부합되게 선진시장(Advanced Market)의 부동산투자회사 발행주식과 신흥시장(Emerging Market)의 부동산투자회사 발행주식에 분산투자하거나, 손익구조가 상이한 수익성 부동산을 대상으로 하는 다양한 해외 REITs 발행주식에 분산투자하는 등 증권형 부동산펀드의 위험을 최소화하는 방안을 강구할 필요성이 있다.

4 부동산개발회사 발행증권에 투자하는 증권형 부동산펀드

(1) 의미

'부동산개발회사 발행증권에 투자하는 증권형 부동산펀드'란 펀드재산의 50%를 초과하여 '부동산개발회사 발행증권'에 투자하는 증권형 부동산펀드를 의미한다.

(2) 개요

자본시장법은 '특정한 부동산을 개발하기 위하여 존속기간을 정하여 설립된 회사'를 '부동산개발회사'로 정의하고 있으며, 이 회사가 발행한 증권을 '부동산과 관련된 증권' 으로 규정하고, 부동산개발회사가 발행한 증권에 투자하는 펀드를 부동산펀드로 인정 하고 있다. 부동산개발회사에 해당하는 대표적인 예로 법인세법과 지방세법특례에 의 해 설립되는 '프로젝트금융투자회사(PFV : Project Financing Vehicle)'를 들 수 있다.

그리고 부동산개발회사 발행증권에 투자하는 증권형 부동산펀드의 대표적인 예로 초 대형부동산개발사업(도시환경정비사업, 도심역세권개발사업, 초대형리조트개발사업, 초대형복합개발사 업 등)을 목적으로 설립된 프로젝트금융투자회사가 발행한 채권 또는 주식 등에 투자하 는 증권형 부동산펀드를 들 수 있다.

이러한 증권형 부동산펀드는 해당 프로젝트금융투자회사가 발행한 채권을 매입함으 로써 채권의 만기까지 안정적인 원리금을 취하는 것을 목적으로 하거나 또는 해당 프 로젝트금융투자회사가 발행한 주식을 매입함으로써 해당 개발사업이 종료하는 시점에 주식투자금의 회수는 물론 추가적으로 개발사업으로 발생하는 개발이익을 취하는 것을 목적으로 한다. 경우에 따라서는 해당 프로젝트금융투자회사가 발행한 채권 및 주식을 동시에 매입하는 증권형 부동산펀드도 개발할 수 있다.

---

5 **부동산투자목적회사 발행지분증권에 투자하는 증권형 부동산펀드**

(1) 의미

'부동산 투자목적회사 발행지분증권에 투자하는 증권형 부동산펀드'란 펀드재산의 50%를 초과하여 '부동산 투자목적회사 발행지분증권'에 투자하는 증권형 부동산펀 드를 의미한다.

(2) 개요

자본시장법은 '부동산 또는 다른 부동산 투자목적회사의 투자증권에 투자하는 것을 목적으로 설립되고 또한 부동산투자목적회사와 그 종속회사가 소유하고 있는 자산을 합한 금액 중 부동산 또는 지상권·지역권·전세권·임차권·분양권 등 부동산 관련 권리를 합한 금액이 100분의 90을 초과하는 회사(이하 '부동산투자목적회사')가 발행한 지분증권'을 부동산과 관련된 증권으로 규정하고 있으며, 이러한 부동산 투자목적회사 발행지분에 투자하는 펀드를 부동산펀드로 인정하고 있다.

자본시장법에서 규정하는 다양한 부동산펀드 중 가장 본질적인 부동산펀드는 실물성격의 부동산을 직접 취득하는 형태인 실물형 부동산펀드라 할 수 있다. 그러나 부동산펀드에서 직접 부동산을 취득하고자 하였으나, 여러 가지 사정으로 인해 부동산을 직접 취득할 수 없는 경우가 발생할 수 있다. 특히 취득하고자 하는 부동산이 국내가 아닌 해외에 소재하는 경우에는 해당 해외부동산을 직접 취득하기 어려운 여러 가지 현실적인 문제점들이 존재한다.

부동산펀드에서 해외부동산을 직접 취득하는 행위 자체가 해당 국가에 의해 제한될 수 있으며, 직접취득이 가능하다 하더라도 해당 국가의 부동산 관련 법규가 복잡하여 예상하지 못한 법적 위험에 노출될 가능성이 높다. 또한 다양한 사유로 인해 부동산 취득을 위한 소요기간이 장기화됨에 따라 투자 시점을 놓칠 수 있으며, 특히 신흥 국가에 소재하는 부동산의 경우 해당 국가 특유의 부동산 매매관행을 제대로 파악하지 못함에 따른 투자위험이 상존한다는 점 등 해외부동산의 직접취득에 따른 다양한 위험 요인이 존재한다. 이로 인해 부동산펀드에서 해외부동산을 직접 취득하기에는 현실적인 한계가 분명히 존재한다.

따라서 부동산펀드에서 부동산의 직접 취득에 따른 이러한 위험을 회피하면서도 부동산을 직접 취득한 것과 동일 또는 유사한 효과를 가져오기 위해서는 해당 부동산 투자를 목적으로 이미 설립된 SPC(Special Purpose Company) 성격의 부동산투자목적회사가 발행하는 지분증권에 투자하는 방법을 생각해볼 수 있다. 자본시장법은 이러한 필요성을 인정하여 부동산 투자목적회사의 발행지분증권을 부동산펀드의 투자대상 자산으로 규정하였다.

부동산펀드에서 부동산을 투자함에 있어 국내 소재 부동산 시장 및 투자환경이 여의치 않아 투자자가 기대하는 펀드수익률의 실현이 어려운 경우에는 국내에 비하여 더 나은 수익률 실현이 가능한 해외부동산에 투자할 필요가 있을 것이다. 나아가 국내 부동산에 투자함으로써 적정 수준의 펀드수익률을 실현할 수 있다 하더라도 해외부동산에 투자했을 때 더 나은 펀드수익률을 실현할 수 있는 경우에는 적극적으로 해외부동산에 투자할 필요가 있다. 이 경우 해외부동산의 투자를 목적으로 하는 부동산투자목적회사의 발행지분증권에 투자하는 형태로 증권형 부동산펀드가 적극적으로 활용될 수 있을 것이다.

section 04 파생상품형 부동산펀드

1 부동산을 기초자산으로 하는 파생상품의 의미

(1) 파생상품의 정의

자본시장법은 '파생상품'에 대해 '다음 중 어느 하나에 해당하는 계약상의 권리'로 정의하고 있다.

❶ 기초자산이나 기초자산의 가격·이자율·지표·단위 또는 이를 기초로 하는 지수 등에 의하여 산출된 금전 등을 장래의 특정 시점에 인도할 것을 약정하는 계약 ⇒ '선도(Forward)/선물(Futures)'이라 한다.

❷ 당사자 어느 한쪽이 의사표시에 의하여 기초자산이나 기초자산의 가격·이자율·지표·단위 또는 이를 기초로 하는 지수 등에 의하여 산출된 금전 등을 수수하는 거래를 성립시킬 수 있는 권리를 부여하는 것을 약정하는 계약 ⇒ '옵션(Option)'이라 한다.

❸ 장래의 일정기간 동안 미리 정한 가격으로 기초자산이나 기초자산의 가격·이자율·지표·단위 또는 이를 기초로 하는 지수 등에 의하여 산출된 금전 등을 교환할 것을 약정하는 계약 ⇒'스왑(Swap)'이라 한다.

(2) 파생상품의 기초자산

자본시장법은 위와 같이 파생상품의 정의에서 사용하고 있는 '기초자산'을 다음 중 어느 하나에 해당하는 것으로 일반적으로 정하고 있다.

❶ 금융투자상품(증권, 파생상품을 의미함)

❷ 통화(외국의 통화를 포함)

❸ 일반상품(농산물 · 축산물 · 수산물 · 임산물 · 광산물 · 에너지에 속하는 물품 및 이 물품을 원료로 하여 제조하거나 가공한 물품, 그 밖에 이와 유사한 것을 말함)

❹ 신용위험(당사자 또는 제3자의 신용등급의 변동, 파산 또는 채무재조정 등으로 인한 신용의 변동을 말함)

❺ 그 밖에 자연적 · 환경적 · 경제적 현상 등에 속하는 위험으로서 합리적이고 적정한 방법에 의하여 가격 · 이자율 · 지표 · 단위의 산출이나 평가가 가능한 것

자본시장법은 부동산펀드를 정의하면서 '부동산을 기초자산으로 한 파생상품'을 부동산펀드의 투자대상 자산으로 규정하고, 이 '부동산을 기초자산으로 한 파생상품'에 펀드재산의 50%를 초과하여 투자하는 경우 이를 부동산펀드로 인정하고 있다. '부동산'이 자본시장법에 규정된 파생상품의 일반적인 기초자산에는 명시되어 있지 않지만, 부동산펀드의 투자대상 자산인 파생상품에서의 기초자산으로는 인정되고 있는 것이다.

(3) 부동산을 기초자산으로 한 파생상품

자본시장법상에는 '부동산을 기초자산으로 한 파생상품'으로 규정하고 있지만, 실제로는 '부동산 자체를 기초자산으로 한 파생상품'과 '기초자산인 부동산의 개별 가격 또는 가격지수와 연계된 파생상품'을 포함하는 것으로 이해할 수 있을 것이다.

그러나 현실적으로 부동산 자체는 너무 개별성이 강하기 때문에 '부동산 자체를 기초자산으로 한 파생상품'이나 '기초자산인 부동산의 개별 가격과 연계된 파생상품'이 개발되기보다는 주로 '기초자산인 부동산의 가격지수와 연계된 파생상품'이 개발되고 있는 실정이다.

부동산 가격지수와 연계된 파생상품의 예로서는 수익성 부동산을 대상으로 한 총수익지수 연계 파생상품, 부동산매매가격을 대상으로 한 가격지수 연계 파생상품, 임대료지수 또는 공실률지수 연계 파생상품, 해외 REITs 주식 가격지수 연계 파생상품 등이 있다.

2 파생상품형 부동산펀드

(1) 의미

자본시장법에 의하면 펀드재산의 50%를 초과하여 '부동산을 기초자산으로 한 파생상품'에 투자하는 형태로 부동산펀드의 설정·설립이 가능하며, 이러한 부동산펀드를 '파생상품형 부동산펀드'라 할 수 있다.

(2) 개요

자본시장법상의 '파생상품형 부동산펀드'를 파생상품의 유형에 따라 구분해 보면 부동산을 기초자산으로 한 선물(또는 선도)에 투자하는 파생상품형 부동산펀드, 부동산을 기초자산으로 한 옵션에 투자하는 파생상품형 부동산펀드, 부동산을 기초자산으로 한 스왑에 투자하는 파생상품형 부동산펀드를 들 수 있다.

과거 간접투자법 하에서는 부동산이 파생상품의 일반적인 기초자산으로 규정되어 있었고, 따라서 부동산을 기초자산으로 하는 파생상품에 투자하는 펀드를 개발하여 판매할 수 있었지만, 실제로 이러한 펀드가 개발된 사례는 없었다. 자본시장법 하에서도 비록 '파생상품형 부동산펀드'가 부동산펀드의 한 종류로 포함되기는 하였지만, 이러한 '파생상품형 부동산펀드'가 개발될 여지는 크지 않다. 다만, 해외의 부동산 가격지수와 연계된 장내파생상품 중에서 대표적이면서도 거래가 활성화되어 있는 장내파생상품을 발굴하여 투자하는 파생상품형 부동산펀드의 개발이 모색될 수는 있을 것이다.

향후 '부동산을 기초자산으로 한 파생상품'이 국내외 파생상품시장에서 다양한 형태로 나타나고 거래가 활성화되는 경우에는 점진적으로 파생상품형 부동산펀드가 부동산펀드의 한 종류로서 자리매김을 할 수 있을 것이다. 또한 자본시장법상 실물형 부동산펀드에서 취득하여 보유하고 있는 부동산의 가격 하락의 위험을 헷지하기 위한 목적으로 '부동산을 기초자산으로 한 파생상품'에 투자하는 경우도 발생할 수 있을 것으로 생각된다.

chapter 05

부동산펀드 투자

부동산 투자 결정 과정

부동산 투자란 확실한 현재의 소비를 희생하여 이에 대한 보상으로 미래의 불확실한 수익의 획득을 목적으로 부동산에 자본을 투입하는 행위이다. 즉, 부동산에 투자하는 투자가의 행동은 보다 큰 부를 얻기 위하여 부동산을 매입하고 매도하는 일련의 활동으로 이루어져 있다. 부동산 투자는 일반적으로 투자기간이 길고 투자자금의 규모가 크기 때문에 다른 투자자산보다 신중한 투자결정이 요구된다.

따라서 부동산 투자자는 투자를 실행하기 전에 자신의 투자목적을 달성하기 위한 예측으로부터 결정까지의 전체적인 투자 실행 계획을 세워야 하는데, 이를 투자 결정 과정이라고 한다. 투자 결정 과정은 당해 부동산 투자가 투자자의 투자목적을 만족시키는 합리적인 타당성을 가지고 있는가를 분석하는 과정이다.

부동산 투자 결정 과정은 기본적으로 5가지의 단계를 거친다. 첫째, 투자의 목적 및 제약조건을 명확히 한다. 둘째, 부동산 투자에 영향을 미치는 경제적, 법적 및 사회·정치적 환경을 분석한다. 셋째, 부동산 투자로부터 기대되는 현금흐름(cash flow)을 예측·분석한다. 넷째, 예측된 현금흐름을 투자 결정 판단기준에 의하여 투자의 타당성을 분석한다. 다섯째, 이상의 분석결과에 의하여 투자의 실행을 최종적으로 결정한다. 아래에서는 본 교재의 목적상 투자의 목표 및 제약조건, 부동산 투자환경의 분석에 대해 살펴보기로 한다.

1 투자의 목표 및 제약조건

(1) 투자의 목표

부동산 투자의 목표는 투자자들이 원하는 수준의 기대수익률과 위험이라고 할 수 있다. 일반적으로 나이가 많은 투자자들은 기대수익률이 낮더라도 위험이 적은 부동산에 투자하고자 하며, 젊은 투자자들은 보다 큰 위험을 부담하더라도 높은 기대수익률을 원한다. 이와 같이 투자자들이 목표로 하는 기대수익률과 위험의 수준은 투자자의 투자동기, 연령 등에 따라 달라진다.

일반적으로 부동산에 투자하는 이유는 다음과 같은 것들이 거론된다. 첫째, 다른 투자자산에 비하여 상대적으로 투자의 안전성이 높다고 인식된다. 많은 투자자들은 부동산의 부증성으로 인하여 수요의 증가에 따른 가격 상승은 필연적이라고 생각하여 왔다. 둘째, 소득이득과 자본이득을 향유할 수 있으며, 특히 매 기간 말 발생하는 소득이득은 투자자의 관심을 끌게 된다. 셋째, 인플레이션 헤지의 수단으로 인식되는 데, 과거 부동산 가격의 상승은 대부분 일반물가상승률을 상회하여 왔다고 보기 때문이다. 넷째, 부동산은 이를 담보로 부채를 이용할 수 있기 때문에 레버리지 효과를 기대할 수 있으며, 부채를 상환(원리금 상환)함으로써 자기자본을 축적할 수 있다는 것이다.

(2) 제약조건

투자자들은 사회적 또는 개인적 제약조건에 의하여 행동하기 때문에 시장에서 거래되는 모든 부동산을 마음대로 선택할 수 없다. 일반적으로 부동산 투자자의 행동을 제약하는 조건으로는 다음과 같은 것이 언급된다.

❶ 투자자금의 규모 : 현실적으로 투자자에게 가장 중요한 제약조건은 투자자금의 규모이다. 부동산 투자는 일반적으로 투자자금의 규모가 큼. 따라서 부동산 투자자는 부동산을 담보로 하는 부채를 이용하게 됨. 부채의 사용으로 유리한 레버리지의 효과를 얻을 수 있는 장점이 있음. 이는 부채가 커지면 커질수록 그만큼 더 자기자본의 수익률이 증가한다는 것이지만 부채의 이용에 따른 금융위험(financial risk)의 증가에 대하여 신중히 고려가 필요

❷ 유동성 : 유동성이란 어떤 자산을 공정한 가격을 받고 어느 정도 용이하게 또는 신속하게 처분할 수 있는가를 의미. 부동산은 다른 투자자산에 비하여 상대적으로 유동성이 낮다는 단점이 있음. 따라서 부동산 투자자는 투자자금을 어느 정도 긴급하게 회수할 필요가 있는가를 고려하여 투자결정을 하여야 함

❸ 투자기간 : 투자기간은 투자자금의 전부 또는 일부를 회수하고자 예정하는 기간를 의미. 일반적으로 부동산은 장기적인 투자기간을 가짐. 그 이유 중의 하나로서 투자기간이 단기인 경우에 그 자본이득에 대한 양도소득세의 세율이 상대적으로 높다는 점이 고려됨

❹ 분석 및 예측능력 : 부동산에 대한 분석능력과 예측능력도 투자자들의 투자행동을 제약하는 조건으로 작용. 특히, 부동산 시장은 일정 지역에 국한되는 국지성을 가지므로 그 지역에 정통한 중개업자나 감정평가업자와 같은 전문가의 도움을 받아야 할 필요성이 있음

❺ 규제 및 세금 : 투자자들은 토지 및 주택에 대한 정부의 정책적 규제에 따라 제약을 받게 됨. 특히 투자자들은 세후 투자수익을 자신의 소득으로 가져갈 수 있다는 점에서 절세효과나 세금 부담에 대한 검토가 필요

이 밖에 투자자에 대한 제약요건은 투자자 고유의 사정, 다른 투자수단과의 비교 등이 있을 수 있다.

2 부동산 투자환경의 분석

부동산 투자 결정 과정의 2단계에서는 투자 결정에 영향을 미치는 부동산 투자환경을 분석한다. 투자환경은 시장환경, 법적 환경, 사회정치적 환경 등으로 이를 분석함으로써 위험에 영향을 주는 요인을 명백히 확인하는 것이다. 위험이란 '미래에 실제로 얻

게 될 수익률(또는 가격이나 부)이 기대했던 수익률로부터 편차를 갖게 될 가능성'을 의미한다. 부동산 투자에 있어서 위험은 부동산 투자환경의 변화에 따라 미래의 임대료, 공실률, 부동산 가격 등이 예상을 벗어나 기대수익률로부터 편차를 갖게 될 가능성을 말하며, 이는 사업상의 위험, 법적 위험, 인플레이션위험, 금융위험 등으로 구분된다.

사업상의 위험은 부동산 시장에서의 수요공급의 변화에 따른 위험이고, 법적 위험은 정부의 부동산 정책, 각종 법적 규제의 변화에 따른 위험이고, 인플레이션 위험은 물가상승률의 변화에 따른 위험이며, 금융위험은 부채를 이용한 부동산 투자에 있어서 투자수익의 변화에 따른 채무불이행의 위험이다.

(1) 시장분석

시장분석은 당해 부동산 투자가 산출하는 미래의 세후 현금흐름에 초점을 두고 투자의 타당성에 영향을 미치는 부동산 시장의 수요공급의 관계를 조사·검토하는 것이다.

부동산 시장은 전국의 부동산 시장, 지역의 부동산 시장 등 시장의 수준에 따른 분석과 주거용, 상업용, 공업용 등 부동산의 용도에 따른 부동산 시장을 나누어 분석할 필요가 있다.

이 분석과정에서 인구의 증감, 이동패턴, 고용의 변화, 소득 수준, 물가 수준 등 투자의 위험에 영향을 미치는 요인들을 분석하여야 한다. 특히 당해 부동산의 잠재적 이용자, 즉, 임차인의 특징과 선호성을 주의 깊게 분석할 필요가 있다. 이와 같은 시장분석에 의하여 투자자는 임대료, 공실률, 대상 부동산의 미래의 가격 동향 등을 예상할 수 있다.

(2) 법적 환경분석

부동산을 소유한 자는 이를 자유로이 사용·수익·처분할 수 있는 소유권을 가지며, 타인에게 지상권·지역권·전세권 등의 용익물권을 설정하여 주거나 임대차 계약에 의하여 이를 사용·수익하게 할 수 있다. 부동산 투자에 있어서 이러한 권리관계를 명확하게 확인할 필요가 있다. 또한 투자자의 소유권은 정부의 토지이용계획이나 주택건설계획 등 부동산 정책에 의한 제한을 받고 있다. 따라서 정부의 부동산 정책의 변화나 부동산 관련 조세의 변화에 따라 투자수익의 불확실성을 야기한다. 또한 정부의 화폐정책이나 재정정책에 따른 시장이자율의 변화도 부동산의 수익성에 영향을 미친다.

(3) 사회정치적 환경분석

부동산 투자는 특히 대규모 개발인 경우에는 사회 전체의 공익과 관련을 가지게 된다. 또한 지역사회의 가치관도 투자 결정 과정에서 고려하여야 한다. 특정 투자개발을 요구하는 수요가 있고 그 개발이 합법적이라고 할지라도 그에 반대하는 주민감정이 있다든지 정치적으로 허락되지 않는 경우가 있다.

---

section 02 | 부동산시장의 개념 및 특징

부동산시장이란 부동산 권리의 교환, 상호 유리한 가액으로의 가액결정, 경쟁적 이용에 따른 공간배분, 토지이용 및 공간이용의 패턴 결정 및 수요와 공급의 조절 등이 일어나는 추상적인 기구를 말한다.

부동산시장은 부동산의 특성 때문에 일반 재화의 시장과는 다른 특성을 가지는데, 이는 시장의 국지성, 거래의 비공개성, 부동산 상품의 비표준화성, 시장의 비조직성, 수요공급의 비조절성 등을 가진다.

첫째, 시장의 국지성으로서, 이는 부동산시장이 부동산의 지리적 위치의 고정성으로 인하여 공간적 적용범위가 일정 지역에 국한됨으로써 그 지역의 사회 · 경제 · 행정적인 환경의 변화에 크게 영향을 받는다는 것이다. 따라서 지역에 따라 다른 가격이 형성되기 때문에 당해 지역의 시장에 대한 정보에 정통한 지역 내 중개업자의 역할을 필요로 한다. 즉, 지역적으로 한정된 불완전한 시장형태를 가지기 때문에 적정한 시장 가격을 도출하기 어려워 그 가격을 산출하기 위하여 부동산 감정평가업자의 역할도 요구된다.

둘째, 거래의 비공개성으로서, 이는 부동산의 개별성과 행정적 규제나 사회적 관행으로 인해 일반 재화와는 달리 거래사실이나 거래내용을 외부에 공개하기를 꺼리는 관행이 있다는 것이다. 따라서 부동산시장 내의 정보수집이 어렵고 정보탐색에 많은 비용이 소요된다. 그러나, 최근에는 국토교통부 실거래가 공개시스템(https://rt.molit.go.kr/)과 이를 활용한 프롭테크 서비스(https://www.valueupmap.com/, https://hogangnono.com/ 등)를 통해 거래의 비공개성이 일정부분 해소되고 있다.

셋째, 부동산 상품의 비표준화성으로서 이는 부동산의 개별성으로 인하여 부동산 상품의 표준화가 불가능하여 일물일가의 법칙이 적용되지 않는다는 것이다. 따라서 시장에서 이루어지는 각각의 부동산 거래는 협상을 통하여 이루어지기 때문에 부동산 가격이 개별적으로 형성 된다.

넷째, 시장의 비조직성으로서 이는 앞서 거론한 시장의 국지성·거래의 비공개성 및 부동산 상품의 비표준화성 등으로 인하여 시장이 일반시장에서와 같이 도매상·소매상 등의 조직화가 곤란하게 된다는 것이다.

다섯째, 수요공급의 비조절성으로서 이는 부동산의 부증성으로 인하여 부동산의 공급이 비탄력적이기 때문에 수요 증가로 가격이 상승하더라도 일반재화처럼 공급을 증가시키기 어렵다는 것이다. 즉, 수요와 공급의 자동조절기능이 제대로 작용하지 못하여 부동산 시장이 불완전한 시장이 되는 것이다.

이 밖에 일반시장에 비하여 매매기간이 장기적이며, 법적 규제가 과다하며, 부동산 금융에 영향을 많이 받게 되는 특징이 있다.

section 03 부동산시장 분석

1 외부요인 분석

(1) 경제여건과 부동산시장

경제성장, 화폐, 고용, 환율 등 전반적인 거시경제여건이 부동산시장에 영향을 미치지만 특히 경제성장의 변화가 부동산시장에 미치는 영향이 적지 않다. 경제성장은 국민소득의 증가 또는 감소폭을 말하며, 세부적으로 국민소득(Y)은 민간소비(C), 투자(I: 설비, 건설), 정부지출(G), 순수출입(NX) 등으로 구성($Y=C+I+G+NX$)된다. 만약 소비가 줄어든다면 상가용 부동산에 부정적인 영향을 미칠 것이고, 투자가 늘어나면 산업용 부동산이나 오피스 등과 같은 업무용 부동산에 긍정적인 영향을 줄 수 있을 것이다. 순수출입이 크게 늘어나면 수출 중심의 기업이 많이 입지한 지역의 부동산에 좋은 영향을 줄 수 있을 것이다. 국민소득을 산업별로 구분한 통계를 보면 산업별 업황을 어느 정도 파악할 수 있고, 이러한 산업별 업황을 보면 각 산업별로 주로 입지한 지역의 부동산시장에 대한 사정을 어느 정도 알 수 있을 것이다. 만약 금융산업의 업황이 상대적으로 크게 성장하고 있다면 지역적으로 금융산업이 많이 입지하고 있는 여의도, 도심 등의 업무용 부동산에 대한 수요가 늘어날 것을 예상할 수 있고, 더 나아가서 이들 지역의 소매용 부동산에도 긍정적인 변화가 있을 것으로 기대할 수 있다.

한편 지역 및 국가의 경제여건은 세 가지 형태의 부동산시장 중에서 특히 공간시장의 수요측면에 직접적인 영향을 주며, 더 나아가 자산시장 및 개발시장에까지 직·간접적인 영향을 미치게 된다.

따라서, 부동산시장을 잘 분석하기 위해서는 해당 부동산시장이 속한 지역 및 국가의 경제여건을 파악하고, 이들 기반으로 이러한 경제여건이 다양한 유형의 부동산별로 어떠한 영향을 미치는지와 또한 부동산시장을 구성하는 세 가지 형태의 시장에 각각 어떠한 영향을 미치는지에 대해 상세히 살펴볼 필요가 있는 것이다.

(2) 금융시장 여건과 부동산시장

일반적으로 자금보유자들은 정기예금과 같은 저축상품에 가입할 것이지 아니면 주식·채권과 같은 금융투자상품이나 부동산과 같은 실물자산에 투자할 것인지를 결정하게 된다. 만약 부동산에 투자하고자 하는 경우, 다른 저축상품이나 금융투자상품 등을 충분히 검토하여 비교우위에 있다고 판단되는 경우에 최종적으로 부동산에 투자하게 될 것이다. 그리고 부동산에 이미 투자하여 보유하고 있는 경우에도 부동산을 계속해서 보유하는 것이 좋을지 아니면 부동산을 매각하여 다른 저축상품이나 금융투자상품 등으로 대체하는 것이 좋을지를 지속적으로 고민하고 검토하게 될 것이다.

부동산은 기본적으로 공간의 이용 측면에서 공간시장의 거래대상으로서의 성격을 가지지만, 다른 한편으로는 위와 같이 자산의 운용 측면에서 자산시장의 투자대상으로서의 성격을 가지고 있으므로 부동산은 금융시장 특히 자본시장의 제반 여건 변화에 상당한 영향을 받게 된다. 즉, 정기예금과 같은 저축상품 및 주식·채권과 같은 금융투자상품과 마찬가지로 부동산 또한 금리변동에 직·간접적으로 영향을 받게 되며, 따라서 부동산에 투자하고자 하는 경우는 물론 부동산을 보유하고 있는 경우에도 한국은행의 기준금리, CD금리, 국고채금리 등의 금리변동을 수시로 파악하여 적절히 대응할 필요가 있는 것이다. 특히 채권금리가 상당히 높게 형성되어 있는 경우나 또는 주식시장이 활황인 경우에는 부동산 투자에 따른 요구수익률 수준도 상대적으로 높아질 것이기 때문에 채권금리나 주식시장의 동향 및 변화를 잘 살펴보아야 할 것이다.

이와 같이 자본시장을 포함한 금융시장의 제반 변화는 부동산시장 중 자산시장에서의 부동산에 대한 수요·공급에 직접적인 영향을 주게 될 것이며, 이러한 자산시장에서의 부동산 수요공급은 개발시장 및 공간시장에도 간접적인 영향을 끼치게 되는 것이다.

2 세 가지 형태의 부동산시장 분석

(1) 공간시장

공간시장이란 공간이용에 관한 권리를 사고파는 시장을 말하는데 흔히 '임대(rent) 시장'이라고도 한다. 부동산의 공간에 대한 수요와 공급에 의하여 부동산의 점유율 (occupancy rate)과 임대료(rents)가 결정된다. 여기서 점유율이란 공실률(vacancy rate)의 반대적인 개념이다. 만약 점유율이 95%이면 공실률은 5%가 되는 것이다. 공간시장의 수요는 주로 지역 및 국가경제의 상황에 가장 크게 영향을 받게 되고, 공간시장의 공급은 건설하여 완공되는 물량에 따라서 결정된다. 부동산이란 어느 정도의 건설기간이 소요되기 때문에 부동산 개발이 시작된 이후 일정 시간이 흐른 후에 공간시장의 공급으로 나타나게 된다. 그리고 지역 및 국가경제의 부문별, 산업별 시황에 따른 수요와 공급 규모에 의해서 형성된 점유율(또는 공실률) 및 임대료의 수준이 부동산시장의 또 다른 형태의 시장인 자산시장에서의 현금흐름에 영향을 주게 되고, 더 나아가 개발시장에도 영향을 끼치게 되는 것이다.

(2) 자산시장

자산시장이란 자산으로서의 부동산을 사고파는 시장을 말한다. 자산으로서의 부동산에 대한 수요와 공급에 의하여 해당 부동산시장의 시장요구자본환원율(market required capitalization rate) 수준이 결정되는데, 이 시장요구자본환원율이 바로 자산시장의 기래지표가 될 수 있다. 만일 금리가 하락하고 다른 투자자산의 기대수익률이 낮아지게 되면 부동산의 시장요구 자본환원율도 낮아지게 되는 것이다.

공간시장의 점유율(또는 공실률)과 임대료에 따라서 자산시장의 현금흐름이 결정되는데, 이 현금흐름과 자본시장의 영향을 받아서 형성된 시장요구자본환원율을 알면 부동산의 시장 가격을 어느 정도 추정할 수 있다. 이런 방식으로 시장 가격을 추정하는 방법을 부동산 감정평가의 세 가지 방식의 하나인 소득접근법(income approach) 중에서 직접환원법(현금흐름/시장요구자본환원율＝자산의 시장 가격)이라고 한다.[1] 그리고 이렇게 추정된 시장 가격은 개발시장에서의 사업성분석의 기초자료가 되는 것이다.

(3) 개발시장

개발시장에서의 부동산 개발사업자는 부동산시장에 영향을 미치는 경제여건과 금융시장 여건과 같은 외부요인의 현황 및 변화를 분석하고, 이를 기반으로 공간시장에서의 임대현황 및 자산시장에서의 시장 가격 등을 감안하여 부동산 개발을 할 것인지 여부에 대해 검토하게 된다. 현재 토지를 매입하여 공사비용, 금융비용, 마케팅 비용 등을 고려하여 산정한 대체 원가(replacement cost)가 유사한 자산에 대한 시장 추정 가격보다 낮아서 개발이익을 기대할 수 있다고 판단되면 부동산을 개발하는 쪽으로 의사결정을

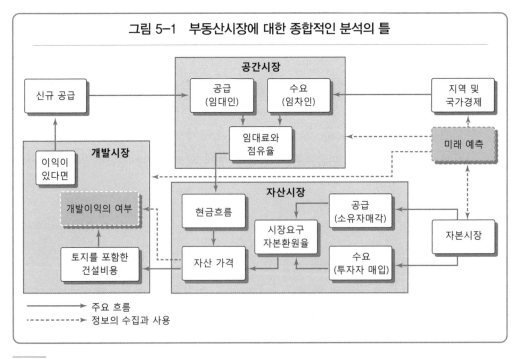

그림 5-1　부동산시장에 대한 종합적인 분석의 틀

1　만약 현금흐름 또는 순영업수입(net operating income)이 100억 원이고 시장요구자본환원율이 10%라면 직접환원법으로 추정한 해당 부동산의 가치는 1,000억 원 수준이다.

내리게 될 것이다. 이렇게 부동산을 개발하게 되면 공간시장에 새로운 임대공간을 제공하는 한편 자산시장에 새로운 자산을 공급하게 되는 것이다.

(4) 부동산시장의 동시적 균형과 변화

❶ 부동산시장의 동시적 균형

부동산시장은 공간시장과 자산시장, 그리고 개발시장으로 구성되어 있다. 이 세 시장은 상호 연관되어 있기 때문에 세 시장이 동시적으로 균형 상태에 있어야 부동산시장 전체가 균형 상태에 있게 된다. 예를 들어 공간시장이 불균형 상태라면, 자산시장과 개발시장이 균형 상태에 있다 하더라도 공간시장에서 임대료가 변하기 때문에 결국은 자산시장과 개발시장도 균형을 유지하지 못하게 된다.

부동산시장에서 공간시장과 자산시장, 그리고 개발시장이 어떻게 동시에 균형을 이루는가를 잘 설명해 주는 분석 틀로, DiPasquale과 Wheaton이 개발한 4분면 모형(four-quadrant diagram model, 이하 D-W 4분면 모형으로 약칭)이 있다[2]. D-W 4분면 모형에서 1/4분면은 공간시장의 균형을 나타내고, 2/4분면은 자산시장의 균형을 나타낸다. 그리고 3/4분면은 개발시장의 균형을 나타내고, 4/4분면은 재고량의 조정식을 보여준다.

<그림 5-2>는 이런 부동산시장의 동시적 균형 상태를 보여준다. 그림에서 1/4분면은 공간시장에서 단기공급곡선과 수요곡선에 의해 임대료가 결정되는 과정을 보여준다. 2/4분면에서는 자산시장에서 시장 가격이 결정되는 과정을 보여주는데, 자산시장이 효율적이라는 가정하에 임대료와 부동산 가격 간의 관계를 보여준다. 2/4분면에 있는 직선은 $P_0 = kR_0$인데, 여기서 k는 $\dfrac{1}{(r-s)}$으로써 직선의 기울기를 나타낸다. 3/4분면은 신규개발시장에서 개발량이 결정되는 과정을 보여준다. 신규 부동산 개발량은 부동산 가격과 부동산 개발비용의 함수이다. 부동산 가격이 상승하면 개발량이 증가하고, 개발비용이 증가하면 개발량은 감소한다. 3/4분면에 있는 직선은 $C_0 = f(P_0, D)$인데, 여기서 D는 개발비용을 나타낸다. 4/4분면은 재고조정을 통해 재고량이 확정되는 과정을 보여준다. 현재의 재고량은 전기의 재고량에서 감가상각 등에 의한 소멸량을 빼주고, 금기의 신규개발량을 더한 것이다. 감가상각률을 γ라고 하면,

---

2 DiPasquale, D. and William C. Wheaton, Urban Economics and Real Estate Markets, 1996, Prentice Hall, pp.7-20.

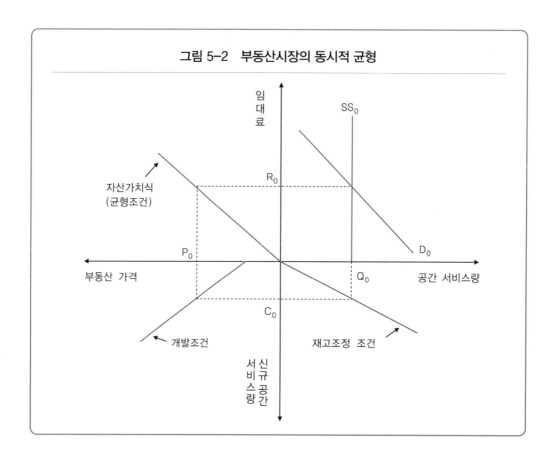

그림 5-2 부동산시장의 동시적 균형

임대료

SS_0

자산가치식
(균형조건)

R_0

D_0

P_0

부동산 가격

공간 서비스량

Q_0

C_0

개발조건

재고조정 조건

신규공급량

서비스량

$Q_t = Q_{t-1} - \gamma Q_{t-1} + C_t$ 이다. 시장이 균형에 있게 되면, 재고량이 매기 일정해야 하므로, $Q_t = Q_{t-1} = Q_0$ 이어야 한다. 따라서 재고조정 조건식은 $C_0 = \gamma Q_0$ 이다. 4/4분면에 있는 직선은 바로 이 재고조정 조건식을 그림으로 표현한 것이다.

❷ 부동산시장의 변화

공간시장이나 자산시장, 또는 개발시장에 변화가 있게 되면, 부동산시장은 상호 영향을 주고받으면서 전체적으로 변화를 겪게 된다.

공간시장에 규제가 가해질 경우

예로 들어 정부가 부동산시장의 과열을 방지하기 위해 공간시장에서 수요를 억제하는 정책을 사용하였다고 가정하자. 이 경우, 수요곡선이 D_0 에서 D_1 으로 이동하면서 단기적으로는 임대료가 크게 하락하고 이에 따라 부동산 가격도 하락하게 된다. 부동

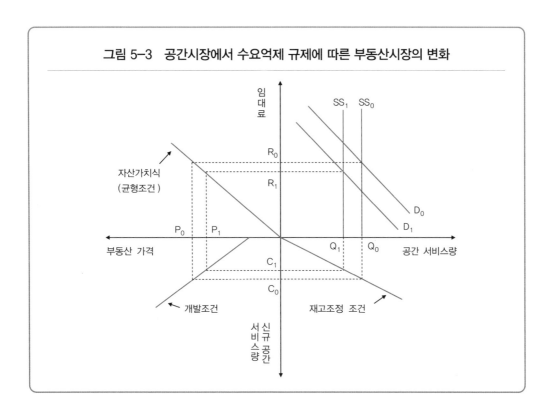

그림 5-3   공간시장에서 수요억제 규제에 따른 부동산시장의 변화

산 가격이 하락하면 신규 개발량이 줄어들면서 장기적으로 부동산 재고량이 줄어들게 된다. 부동산 재고량이 줄어들면 공간의 단기공급곡선이 SS_0에서 SS_1으로 이동하면서 임대료가 단기 때보다 올라가게 된다. 만약 공간의 단기공급곡선이 현재의 SS_1 위치보다 더 왼쪽으로 이동할 경우 임대료와 부동산 가격은 정부규제 이전보다 더 높아질 수 있다. 즉, 정부규제로 인한 재고량 감소효과가 어느 정도 되느냐에 따라 정책효과가 달라질 수 있는 것이다.

이자율을 인상할 경우

정부는 부동산 가격의 과열을 방지하기 위해 시장이자율을 올리는 정책을 사용할 수도 있다. 직접 시장이자율을 올리지 않더라도, 부동산 부문에 대한 대출을 제한할 경우 부동산 부문에서 대출이자율이 올라갈 수 있다.

이 경우, 2/4분면에서 자산시장의 균형을 나타내는 선이 원점을 중심으로 하여 우측으로 이동하게 된다. 왜냐하면 이 직선의 기울기는 k인데, $k = \dfrac{1}{r-s}$ 이므로 r이 상승하면, k는 하락하기 때문이다. 이자율이 상승하게 되면 단기적으로는 공간시장에 아무

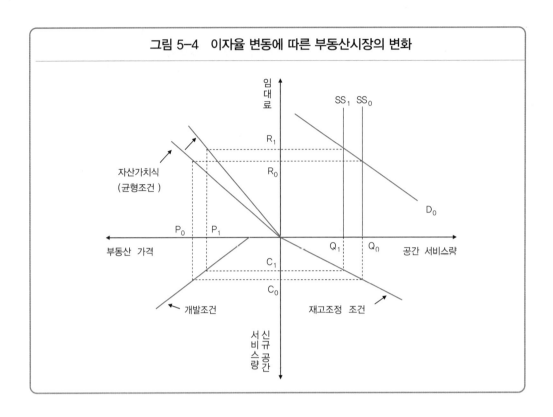

그림 5-4 이자율 변동에 따른 부동산시장의 변화

런 변화가 없기 때문에 임대료는 R_0로 그대로 있지만, 자산시장에서 이자율의 상승으로 자산 가격은 하락하게 된다. 자산 가격이 하락하면, 신규 개발량이 줄어들면서 장기적으로는 부동산 재고량이 줄어들게 된다. 이렇게 되면 공간시장의 단기공급곡선이 SS_0에서 SS_1으로 이동하면서 임대료가 상승하게 되고, 자산 가격은 이 새로운 임대료 수준에 맞추어 P_0에서 P_1으로 이동하게 된다. 이때 P_1은 규제가 있기 전의 자산 가격보다 낮은 수준이다.

1 거시경제 변수와 부동산시장

경제성장, 소비, 투자, 수출입, 총공급, 통화, 물가, 주가, 이자율 등과 같은 거시경제 변수와 부동산 가격이 상호 간에 어떠한 영향을 미치는지 살펴보면 다음과 같다.

첫째, 일반적으로 경제가 성장하면 경기가 활성화되고 기업이나 가계의 수요가 증가한다. 총수요가 증가하면 부동산에 대한 임대수요가 늘어나고 그에 따라서 임대료가 상승하고 결과적으로 부동산의 매매 가격도 상승하게 된다.

둘째, 부동산 매매 가격이 상승하게 되면 부동산 보유자의 자산평가금액이 커지기 때문에 실제로 소득이 늘어나지 않았지만 소비가 늘어나는 경우가 많다. 이를 자산효과라고 한다.

셋째, 토지 가격이 상승하면 토지사용량이 감소할 것이고 토지를 동반한 자본투자가 감소할 것이다.

넷째, 부동산 가격이 상승하면 생산비가 늘어나고, 생산비가 증가하면 수출경쟁력이 약화되기 때문에 수출이 감소하고 수입은 증가할 가능성이 있다.

다섯째, 부동산 가격이 상승하면 임금소득에 대한 의존도가 높은 근로자들의 근로의욕이 저하될 것이고, 이는 노동생산성을 감소시키는 결과를 가져올 수 있다. 특히 주택 가격이 오르면 주택소비비용에 대한 부담 때문에 노동력의 지역 간 이동이 줄어들어 인력수급에 애로가 생기게 되고 결과적으로 임금이 상승할 가능성이 있다. 이외에도 임대료 상승은 생산비의 증가를 가져오게 되어 총공급이 줄어들게 될 것이다.

여섯째, 통화량이 늘어나게 되면 물가가 상승할 것이고 물가의 상승은 부동산 가격을 올리는 역할을 할 것이다.

일곱째, 물가가 상승하게 되면 현금을 보유하기보다는 실물에 대한 수요가 늘어나고 그렇게 되면 상대적으로 인플레이션 헤지기능이 있는 부동산에 대한 수요가 늘어나서 부동산 가격이 상승할 수 있다.

표 5-1　거시경제변수와 부동산의 관계

거시경제변수	부동산과의 관계	기타
경제성장(Y)	경제성장 ↑ → 임대 수요 증가 → 임대료 상승 → 매매 가격 상승	
소비(C)	부동산 가격 ↑ → 소비 증가(자산효과)	
투자(I)	토지 가격 ↑ → 토지사용량 감소 → 보완적 자본투자 감소	
순수출(NX)	부동산 가격 ↑ → 생산비 상승 → 수출 감소, 수입 증가	
총공급	부동산 가격 ↑ → 근로의욕 저하 → 노동생산성 감소 주택 가격 ↑ → 노동의 지역 간 이동 감소 → 인력수급 애로 → 임금 상승 임대료 ↑ → 생산비 상승	
총통화	통화량 ↑ → 물가 상승 → 부동산 가격 상승	
물가	물가 ↑ → 부동산 가격 상승(인플레이션 헤지 효과)	
금리	금리 ↑ → 부동산 가격 하락	
주가	주가 ↑ → 부동산 가격 상승	

끝으로 시장금리가 상승하게 되면 부동산 관련 대출금리도 상승하게 되는 것은 물론 부동산 투자에 대한 요구수익률이 높아져서 부동산 가격에 부정적인 영향을 줄 수 있다.

거시경제변수와 부동산과의 관계를 분석할 때는 유의해야 하는 몇 가지 사항이 있다. 특히 경제학적 분석을 할 때 필히 전제되는 '다른 모든 변수는 그대로 있다(Ceteris paribus)'라는 사항을 꼭 유념하여 분석하여야 한다. 따라서 다른 변수와 결합되었을 때 위 표에서와는 다른 방향으로 움직일 수 있음을 유의해야 한다. 그리고 앞에서 제시한 경로에만 거시경제변수와 부동산 간 상호작용이 국한되는 것이 아니라, 다른 경로를 거쳐서 부동산시장에 다른 방향으로 영향을 끼칠 수 있다. 따라서 거시경제변수와 부동산 간의 관계는 다각도로 분석하고 이해할 필요가 있다.

2　경기변동과 부동산 경기변동

(1) 경기변동

일반적으로 경기변동이란 국민소득, 고용, 투자, 재고조정 등과 같은 경제변수가 상승하고 하강하는 것이 되풀이되는 현상을 말한다. 이런 경기변동은 반복적이지만, 비주기적인 특징이 있다. 즉, 경기확장과 경기수축이 번갈아 가면서 나타난다는 점에서는

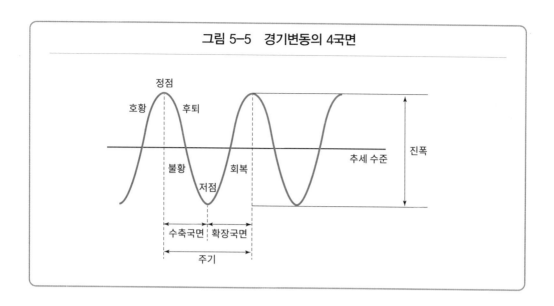

그림 5-5 경기변동의 4국면

반복적이지만 각각의 경기변동의 주기가 다르기 때문에 비주기적이라고 할 수 있다. 그리고 경기수축이 일단 시작되면 상당 기간 경기가 나빠지고 반대로 경기확장이 시작되면 상당 기간 경기가 좋아지는 특징이 있으며, 대개 경기확장국면이 경기수축국면보다는 긴 특징이 있다.

하나의 경기변동 주기를 호황(prosperity), 경기후퇴(recession), 불황(depression) 그리고 경기회복(recovery)으로 나눌 수 있는데, 이를 경기변동의 4국면이라고 한다. 각각의 국면의 특징을 간략히 살펴보면 다음과 같다.

첫째, 호황국면의 특징이다. 호황국면은 경기회복국면을 지나면서 나타나며 경제활동이 모든 부문에서 활발하게 진행되는 시기이다. 투자도 활발한 편이고 소비지출도 계속 증가하는 경향이 있다. 경기가 과열되는 모습을 보이고 있어서 이자율은 상승하고 정부가 경기를 진정시키기 위하여 통화량을 축소시키거나 기준금리를 인상하는 경향이 있다.

둘째, 경기후퇴국면의 특징이다. 호황의 정점에 이르면 호황국면에 이루어진 과잉 투자로 인하여 설비가 확장되어 생산이 크게 늘어나는 데 비해서 소비는 늘지 않는 상황에 이르게 된다. 자금수요가 크게 늘어나기 때문에 자금의 부족 현상이 심해지고 따라서 이자율이 상승하게 된다. 이렇게 경기가 후퇴하기 시작하면 생산축소, 물가하락, 소득감소가 일어난다. 그 결과 실업이 증가하기 시작하고 유휴 설비가 늘어나게 된다.

셋째, 불황국면의 특징이다. 경기후퇴국면의 뒤를 이어서 불황이 이어지는데, 이때에는 생산이 줄어들고 고용이 더욱 나빠지며 소득의 수준도 낮아지는 특징이 있다. 신규 투자 등이 많지 않아서 자금의 수요가 줄어서 이자율이 낮은 편이다. 상대적으로 경쟁력이 약한 기업들은 도산하게 된다. 이런 상황이 장기간 지속될 경우 국민에게 상당한 고통을 줄 수 있으므로 정부는 경기부양 정책을 통해서 경기회복국면으로 돌리려고 노력하게 된다.

넷째, 경기회복국면의 특징이다. 경기회복국면은 경쟁력 없는 기업들의 퇴출 등으로 유휴 생산설비가 줄어들고 경기회복에 대비하여 신규 투자를 조금씩 늘리게 된다. 비교적 완만하게 생산이 늘어나고 고용 여건도 개선되면서 소득도 증가하게 된다. 불황국면에서는 상대적인 저금리 수준이 유지되다가 경기가 본격적으로 회복되기 시작하면 금리도 차츰 상승하게 된다.

(2) 부동산 경기변동

경기변동 현상은 부동산 분야에서도 일어나는데 이를 부동산 경기변동이라고 한다. 부동산 경기를 건축의 양과 건축 순환, 부동산의 거래량, 부동산의 가격 변동, 공실, 택지분양 현황, 부동산 금융 등을 기준으로 파악할 수도 있으나 흔히 부동산 경기변동이라고 함은 단순히 부동산 가격변동으로 보기도 한다.

부동산 경기변동은 부동산 그 자체의 특성에 의하여 지역적으로 다르고 개별적으로 다르게 나타날 수 있다. 즉, 부동산 경기는 도시마다 달리 변동하고 같은 도시라 하더라도 하부 지역마다 각기 다른 변동을 보인다. 또 장기적인 관점에서 보면 기본적인 부동산 경기변동의 흐름은 비슷하게 움직이지만 단기적으로는 서로 상당한 시차를 두고 움직인다. 따라서 부동산 경기변동은 지역별, 부동산 유형별, 부동산 규모별로 다른 양상을 보일 수 있으므로 전반적인 부동산 경기변동은 물론 하부시장별로 부동산 경기변동이 어느 국면에 있는지 그리고 어느 정도의 속도와 강도로 변하고 있는지를 유의하여 살펴보아야 할 것이다.

(3) 부동산 경기변동의 4국면

부동산 경기변동도 일반경기변동과 같이 4개 국면으로 나눌 수 있다. 각 국면별로 살펴보면 다음과 같다.

❶ 호황국면

경기회복국면이 지속되어 감에 따라서 불황을 벗어나 경기 정점을 향해가는 국면이다. 이 국면에서는 부동산 거래가 활기를 띠고 부동산의 거래가격이 계속 상승한다. 점차 부동산의 거래 가격이 상승하는 경향을 보이기 때문에 매도인은 거래를 미루는 경향이 있고 매수인은 거래를 앞당기려 하는 분위기가 생긴다. 건축허가신청이 급격하게 늘어나고 그 증가율도 계속 상승한다.

❷ 경기후퇴국면

경기후퇴국면이란 경기가 호황국면의 정점을 확인하고 하향세로 바뀌는 국면을 말하며 아직 불황국면에 진입한 것은 아니다. 부동산시장에서 매도인 우위 시장에서 매수인 우위 시장으로 전환하는 분위기가 나타난다. 이러한 경기후퇴국면이 장기화되면 부동산의 공실률이 점차 늘어나게 된다.

❸ 불황국면

불황국면이란 경기가 저점을 향해 지속적으로 하강하는 국면을 말한다. 이 시기는 지속적으로 부동산 가격이 하락하고 건축활동이 급감하고 부동산의 공실률이 크게 늘어난다. 불황국면에서는 다음과 같은 현상이 발견된다.

ㄱ. 부동산 가격이 지속적으로 하락하면서 부동산 거래가 거의 이루어지지 않으며 금리가 높아지는 경향이 있다.

ㄴ. 이전의 부동산 경기가 심하게 과열되었을수록 불황의 깊이는 깊은 편이다.

ㄷ. 부동산시장에서 매수인이 더욱 우위에 있게 된다.

ㄹ. 건축허가신청 건수가 지속적으로 줄어든다.

❹ 경기회복국면

경기회복국면은 일반적으로 경기의 저점을 확인하고 상향하기 시작하는 국면이다. 경기회복국면에서는 다음과 같은 현상이 발견된다.

ㄱ. 부동산 거래와 관련된 고객 수가 감소하던 것이 멈추고 조금씩 증가하기 시작한다.

ㄴ. 부동산의 공실률이 줄어들기 시작한다.

ㄷ. 일부 지역시장의 경우 점차 시장 분위기가 개선되어 가는 징후를 보이기 시작한다.

ㄹ. 매수인 우위 시장에서 매도인 우위 시장으로 조금씩 전환된다.

ㅁ. 낮은 금리로 인하여 여유자금이 부동산에 투자되기 시작한다.

(4) 부동산 경기변동과 일반경기변동 등과의 관계

부동산 경기변동이 일반경기변동 및 주가지수와 어떠한 선·후행적인 관계가 있는지 살펴볼 필요가 있다. 먼저 부동산 경기는 일반경기에 비해서 후행하거나 동행하는 것으로 알려져 있다. 통상적으로 일반경기가 좋아진 후 일정기간 이후에 부동산 경기가 좋아지는 후행적인 성격을 보이지만, 외환위기 이후 경제주체들이 경기에 매우 민감하게 반응하면서 경기가 좋아지면 부동산 경기도 바로 좋아지고 경기가 나빠지면 부동산 경기도 바로 나빠지는 동행적인 성격을 보이기도 한다.

그리고 주가지수와 비교하여도 부동산 경기가 주가지수(주식시장 경기)에 후행하는 것으로 알려져 있다. 즉, 일반경기에 비해서 주식시장 경기가 선행하기 때문에 당연히 일반경기에 후행하거나 동행하는 부동산 경기는 주식시장 경기에 비해서 후행하는 것이 일반적이다.

(5) 부동산 경기변동과 부동산 투자전략[3]

부동산시장을 분석하는 애널리스트와 부동산펀드매니저들은 각 지역별 부동산시장의 경기국면을 주기적으로 분석하여 투자의사결정 시나 포트폴리오 조정 시 활용하고 있다. 〈그림 5-6〉은 오피스빌딩의 임대료 상황을 임대료 하락, 임대료 서서히 하락, 임대료 상승 그리고 임대료 서서히 상승으로 나누어서 이를 4/4 분면의 그래프로 나타낸 것이다. 이를 부동산 경기변동의 네 가지 국면과 연결하면 임대료 하락국면이 경기후퇴국면이 되고 임대료 서서히 하락국면은 불황국면이 된다. 그리고 임대료 상승국면은 경기회복국면이 되고, 임대료 서서히 상승국면은 호황국면이 된다.

각 도시별 또는 각 지역별 오피스빌딩의 시장 상황을 분석하여 4/4분면의 어느 위치에 놓일 수 있는지 판단하는 것이 중요하다. 비록 임대료를 기준으로 단순히 4/4분면으로 나누기는 하지만 부동산 경기변동 상황을 감안하여 4/4분면상의 위치를 선택하게 된다.

이렇게 각 도시별 또는 지역별 부동산 경기변동상의 위치를 선정한 후에 부동산 투자의 전략적인 이슈에 대한 판단을 하게 된다. 호황기(4/4분면)의 절반과 후퇴기(1/4분면)의 절반의 시기에는 보유한 오피스빌딩의 매각기회를 찾는 전략(market exit opportunities)

---

3 서울부동산포럼 외 2인(2006), Tim Bellman, *Asia Pacific View-A Real Estate Growth Story* 참조.

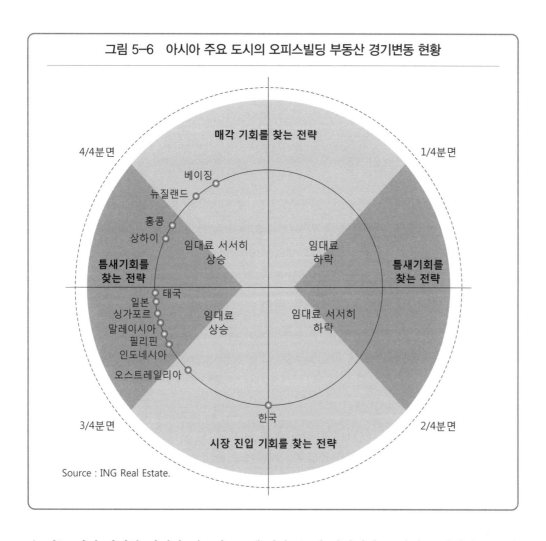

그림 5-6 아시아 주요 도시의 오피스빌딩 부동산 경기변동 현황

매각 기회를 찾는 전략

4/4분면

1/4분면

베이징
뉴질랜드
홍콩
상하이

임대료 서서히
상승

임대료
하락

틈새기회를
찾는 전략

틈새기회를
찾는 전략

태국
일본
싱가포르
말레이시아
필리핀
인도네시아
오스트레일리아

임대료
상승

임대료 서서히
하락

3/4분면

한국

2/4분면

시장 진입 기회를 찾는 전략

Source : ING Real Estate.

을 펴는 것이 적절할 것이다. 〈그림 5-6〉에서 볼 때 베이징과 뉴질랜드 지역의 보유자산의 매각을 고려할 시점이고 전체 포트폴리오 측면에서는 이들 지역의 보유자산의 비중을 줄이는 것을 신중히 검토해야 할 상황인 것이다. 회복기(3/4분면)의 절반과 불황기(2/4분면)의 절반의 영역에서는 시장 진입 전략(market entry opportunities)을 검토할 시기이다. 즉, 신규 취득을 통하여 전체 포트폴리오에서 이 영역에 속하는 지역이나 도시의 자산의 비중을 늘려야 하는 상황인 것이다. 〈그림 5-6〉에 따르면 한국과 오스트레일리아가 이들 영역에 속하고 있으므로 신규 취득을 통한 이들 국가의 오피스빌딩을 매입하여 포트폴리오에서의 비중을 늘릴 필요가 있는 것이다. 경기후퇴(1/4분면)와 불황기(2/4분면)의 절반, 회복기(3/4분면)와 호황기(4/4분면)의 절반의 시기에서는 틈새(niche) 전략을 고민할 필요가 있다. 즉, 마이너한 수준에서 매입이나 매각을 고려해야 하는 시기이다.

부동산시장의 수요·공급 분석

1 부동산시장의 수요 · 공급 개념

부동산 가격(공간시장에서의 임대료, 자산시장에서의 매매 가격)은 부동산에 대한 수요와 공급에 의해서 결정된다. 일반적으로 부동산의 수요는 부동산의 가격 수준에 따른 수요자들이 구매하려는 수량을 말한다. 수요는 구매하려는 의도는 물론 구매할 수 있는 능력이 있어야 한다. 부동산 가격이 상승하면 부동산의 수요는 감소하고, 반대로 부동산 가격이 하락하면 부동산의 수요는 증가한다. 이런 관계를 수요의 법칙이라고 하고 이를 그래프로 나타내면 수요곡선이 된다. 수요곡선은 수요에 영향을 미치는 다양한 요인들에 의해서 영향을 받는데, 부동산 가격의 변화는 단순히 수요곡선상에서 이동하지만 나머지 수요요인들에 변화가 있을 경우에는 수요곡선 전체가 이동하게 된다.

일반적으로 부동산의 공급은 부동산의 가격 수준에 따른 공급자들이 공급하려는 수량을 말한다. 공급은 공급하려는 의도는 물론 공급할 수 있는 능력이 있어야 한다. 부동산 가격이 상승하면 부동산의 공급은 증가하고, 반대로 부동산 가격이 하락하면 부동산의 공급은 감소한다. 이런 관계를 공급의 법칙이라고 하고 이를 그래프로 나타내면 공급곡선이 된다. 공급곡선은 공급에 영향을 미치는 다양한 요인들에 의해서 영향을 받는데, 부동산 가격의 변화는 단순히 공급곡선상에서 이동하지만 나머지 공급요인들에 변화가 있을 경우에는 공급곡선 전체가 이동하게 된다.

부동산의 수요곡선과 공급곡선이 만나는 곳에서 부동산의 가격과 거래량이 결정된다. 부동산시장을 보다 잘 이해하기 위해서는 부동산의 수요요인별 또는 공급요인별 변화가 부동산시장에 어떠한 영향을 미치는 지를 알고 있어야 한다. 어떤 수요요인 또는 공급요인이 변화할 때 부동산시장에 미치는 영향을 파악하고 그에 따른 적절한 대응을 할 수 있기 때문이다.

부동산 수요와 공급에 영향을 끼치는 요인들은 매우 다양하다. 따라서 본 장에서는 대표적인 요인들을 중심으로 살펴본다. 여기서의 분석도 분석의 원활함을 위하여 경제학 분석에서 쓰는 '다른 변수는 다 그대로(Ceteris Paribus)'라는 사항을 전제로 분석하였다. 즉, 한 변수가 변화할 때 다른 변수들도 동시에 변화한다면 부동산시장에 미치는 영향이 서로 상쇄되거나 중첩되어서 예상한 결과가 아닌 다른 결과에 이를 수도 있다. 따라서 수요 및 공급요인을 분석할 때에는 이를 유의할 필요가 있다.

2   부동산시장의 수요 · 공급 요인

(1) 수요요인

부동산의 수요에 영향을 미치는 가장 기본적인 요인은 해당 부동산의 가격이지만, 그 외에도 다양한 수요요인들이 있는 바, 소득, 인구, 대체관계 부동산의 가격, 소비자 기호, 대출정책, 기대, 금리 등이 이에 해당한다.

첫째, 소득 수준이 향상될 때 대부분의 부동산 가격은 상승하는 경향이 있다. 이렇게 소득이 늘어날 때 수요가 늘어나서 가격이 상승하는 부동산을 경제학적으로는 정상재(normal goods)에 해당하는 부동산이라고 할 수 있다. 이에 반해 소득이 늘어나면 오히려 수요가 줄어들어 가격이 하락하는 부동산도 있을 수 있는데 이를 경제학적으로는 열등재 또는 기펜재(Giffen's goods)에 해당하는 부동산이라고 할 수 있다. 예를 들면, 만약 대부분의 부동산 수요자들이 소득이 늘어나면 다세대 또는 다가구 주택의 지하 셋방에 살기를 싫어하고 소형 아파트나 소형 주거용 오피스텔로 이전하고 싶어한다면, 이 경우 다세대 또는 다가구 주택의 지하 셋방은 열등재에 해당하는 부동산인 것이다.

둘째, 인구가 증가하면 대체로 부동산 임대수요는 물론 구입수요도 늘어나서 부동산 가격을 상승시키는 것이 일반적이다. 그리고 인구의 구조가 개편될 때에도 부동산 수요에 상당한 영향을 미친다. 예컨대, 대가족 중심에서 핵가족 중심으로 바뀌거나 단독세대가 늘어나면 소형 주택의 수요가 늘어날 가능성이 높다.

셋째, A라는 부동산과 B라는 부동산 간에 대체관계가 있을 때 A부동산의 가격이 상승하면 A부동산의 수요는 줄어들고 B부동산의 수요는 증가하게 된다. 반대로 A부동산의 가격이 하락하면 A부동산의 수요는 늘어나고 B부동산의 수요는 줄어들게 된다. 대표적인 예로 소형 주거용 오피스텔과 소형 아파트를 들 수 있다. 만일 소형 주거용 오피스텔의 공급 물량이 늘어나서 임대 가격이 하락하면 이들에 대한 수요가 늘어나는 데 비해서, 소형 주거용 오피스텔과 대체관계에 있는 소형 아파트의 임대수요는 줄어들게 된다.

넷째, 고소득층들의 기호가 일반 아파트가 아닌 초고층 주상복합 아파트를 더 선호한다면, 대형 평형의 일반 아파트에 대한 수요는 줄어드는 대신 초고층 주상복합 아파트의 수요는 늘어나게 될 것이다.

다섯째, 정부는 부동산시장을 안정시키기 위하여 금융기관들의 대출 기준을 더욱 강화시킬 수 있다. 예를 들면 대부비율(loan to value)을 60%에서 40%로 강화하면 부동산 구입자들이 부담해야 할 자금이 크게 늘어나서 부동산에 대한 수요를 줄이게 될 것이다. 또한 소득 대비 대출비율(debt to income)을 낮추면 부동산 구입자의 실제 대출 가능 금액이 줄어들어서 부동산에 대한 수요는 줄어들게 될 것이다.

여섯째, 부동산 가격이 향후 오를 것인지 혹은 내릴 것인지에 대한 기대에 따라서 부동산에 대한 수요가 변화한다. 즉, 부동산 가격이 상승할 것으로 기대되면 부동산에 대한 수요는 증가하고, 하락할 것으로 기대되면 감소한다.

끝으로 금리가 인상되면 부동산을 구입할 때에 조달하는 대출의 금융비용 부담이 늘어나기 때문에 부동산에 대한 수요는 줄어든다.

(2) 공급요인

부동산의 공급에 영향을 미치는 가장 기본적인 요인은 해당 부동산의 가격이지만, 그 외에도 다양한 공급요인들이 있는 바, 건설비용, 기술수준, 기대, 공급자의 수 등이 이에 해당한다.

첫째, 원자재 가격 상승 등으로 인하여 건설비용이 늘어나게 되면 부동산의 신규 공급은 줄어드는 것이 일반적이다. 둘째, 건설기술이 발달하여 생산성이 향상되면 동일한 건축물에 대한 건설비용이 줄어들어 공급자들이 부동산의 신규 공급을 늘리는 경향이 있다. 셋째, 부동산 가격이 향후 오를 것인지 혹은 내릴 것인지에 대한 기대에 따라서 부동산에 대한 공급이 변화한다. 예컨대, 부동산 가격이 상승할 것이라고 기대되면 부동산 공급자들은 부동산의 공급을 증가시킬 것이다. 넷째, 부동산 공급자의 수가 늘어나면 부동산에 대한 공급이 증가하는 경향이 있다.

| 표 5-2 | 부동산 수요·공급요인과 부동산시장에 미치는 영향 |

구분		영향
수요 요인	부동산의 가격	해당 부동산의 가격이 상승하면 부동산의 수요는 감소, 해당 부동산의 가격이 하락하면 부동산의 수요는 증가
	소득	소득이 늘 때 정상재인 부동산은 수요가 늘어나 가격이 상승, 열등재인 부동산은 수요가 줄어서 가격이 하락
	인구	인구가 증가하면 임대수요와 구입수요가 늘어서 가격이 상승, 핵가족화가 진전되고 단독세대가 증가하면 소형 주택의 수요가 늘어서 가격이 상승
	대체관계 부동산의 가격	대체관계에 있는 다른 부동산의 부동산 가격 상승은 해당 부동산의 수요를 증가시켜서 가격이 상승
	소비자의 기호	소비자의 기호가 바뀌면 기호에 부합하는 부동산의 수요가 늘고 부동산 가격이 상승
	대출정책	대부비율(LTV : loan to value)을 올리면 부동산 수요가 증가, 낮추면 부동산 수요가 감소 소득 대비 대출비율(DTI : debt to income)을 올리면 부동산 수요가 증가, 낮추면 부동산 수요가 감소
	기대	부동산 가격이 오를 것으로 기대되면 부동산 수요는 증가
	금리	금리가 인상되면 부동산 수요는 감소
공급 요인	부동산의 가격	해당 부동산의 가격이 상승하면 부동산의 공급이 증가, 해당 부동산의 가격이 하락하면 부동산의 공급이 감소
	건설비용	건설비용이 늘어나면 부동산 신규 공급은 감소
	기술 수준	기술 수준이 향상되면 부동산 신규 공급은 증가
	기대	부동산 가격이 오를 것으로 기대되면 부동산 공급은 증가
	공급자의 수	공급자의 수가 늘어나면 부동산 공급은 증가

3 부동산시장의 가격 결정

(1) 균형 가격과 균형 거래량

부동산 가격은 부동산의 수요와 공급이 일치하는 지점, 즉 수요곡선과 공급곡선이 교차하는 점에서 결정된다. 이때의 가격과 거래량을 균형 가격, 균형 거래량이라고 한다. 만일 부동산 가격이 어떤 이유로 균형 가격보다 아래로 이탈한 경우에는 초과수요

chapter 5 부동산펀드 투자 **97**

가 발생되고 이후 부동산 가격이 상승하여 균형 가격으로 회복된다. 반대로 부동산 가격이 균형 가격보다 위로 이탈한 경우에는 초과공급이 발생되고, 이후 부동산 가격이 하락하여 균형 가격으로 회복하게 된다.

(2) 시장 균형의 변동

부동산시장의 균형 가격과 균형 거래량은 부동산시장에 영향을 미치는 수요와 공급요인들이 변할 때 변동한다. 이렇게 수요와 공급요인이 변화하면 수요곡선과 공급곡선이 이동하고 이들이 새롭게 만나는 점에서 새로운 균형 가격과 균형 거래량이 형성된다.

4 부동산시장의 특징

(1) 수요자와 공급자 수의 제약

부동산시장에 참여하는 수요자와 공급자는 일반적으로 상당히 제약되어 있는 특징이 있다. 교통이 발달되고 있기는 하지만 기본적으로 일정한 지리적 범위 내의 수요자와 공급자로 한정되게 된다. 결국 부동산의 고유한 특성 중에 하나인 위치의 고정성으로 인하여 부동산시장은 근본적으로 지역성을 띨 수밖에 없다.

(2) 부동산 상품의 비동질성

대표적인 부동산 상품인 아파트의 경우, 같은 단지의 같은 평형 그리고 같은 동의 같은 층의 아파트일지라도 완전히 동질적인 아파트는 아니다. 왜냐하면 최소한 아파트의 방향과 전망은 어느 정도 틀릴 수밖에 없기 때문이다. 이와 같은 부동산 상품의 비동질성이라는 특징으로 인해 부동산을 표준화하여 대량생산하기에는 원천적인 한계가 있는 것이다.

(3) 정보의 비공개성 및 비대칭성

부동산의 실거래 가격을 신고하도록 하는 등 부동산 관련 정보의 공개성을 강화하기 위한 제도가 시행되는 경우에도 부동산을 거래하는 당사자 간의 상호 이익을 위해 부동산 관련 정보를 왜곡하거나 은폐하는 등 정보의 비공개성이 존재한다.

한편 인터넷의 발달 등으로 부동산과 관련된 다양한 정보들이 시장에 공개되거나 유통되고 있기는 하지만 부동산 개발 관련 정보, 부동산 거래 관련 정보 등 중요한 정보들은 제한된 범위 내의 사람들에게만 제공 및 이용되어지는 경우가 있으며, 이러한 부동산시장에서의 정보의 비대칭성은 주식시장과 같은 다른 시장에 비해 상당히 큰 편으로 보인다.

(4) 높은 거래비용

부동산을 거래할 경우 취득세, 양도소득세 등과 같은 거래비용이 주식, 채권 등과 같은 다른 자산들에 비해서 너무 과도할 정도로 많은 편이다. 이렇게 부동산 관련 거래비용이 높으면 부동산 거래를 위축시키는 것은 물론 부동산시장에서의 거래행태를 왜곡시킬 여지도 있는 것이다.

section 06 부동산시장과 정부정책

1 부동산시장과 정부의 부동산 정책

일반적으로 부동산시장의 가격 기능이 원활하게 이루어지지 아니하는 경우를 부동산시장의 실패라고 하는데, 이와 같이 부동산시장이 실패하게 되는 주된 원인으로는 독과점, 외부효과, 정보 비대칭성 등을 들 수 있다.

첫째, 부동산시장에서의 독과점업자는 부동산이라는 자원을 효율적으로 배분하기보다는 자신의 독점적 이윤을 극대화할 목적으로 부동산 가격을 통제하게 된다. 이로 인해 독과점업자는 부동산시장에 참여하는 다른 시장참여자들의 후생(welfare)의 일부를 훼손시키는 사회적 손실을 발생 시킨다. 이러한 독과점에 따른 폐해를 방지하기 위해 독과점을 규제하고 공정한 거래질서를 확립하기 위한 다양한 법적 장치를 두고 있다.

둘째, 외부효과(external effect)란 자신의 경제활동으로 인하여 다른 경제주체의 경제활동에 긍정적(positive) 또는 부정적인(negative) 영향을 주는 것을 말한다. 예를 들어 인근에 쓰레기 소각장이 생기면서 부동산 가격에 악영향을 주게 되는 경우를 들 수 있다. 쓰레기 소각장에 쓰레기를 폐기하는 비용은 인근지역의 부동산 가격의 하락분까지 포함하여 산정되어야 한다. 하지만 현실적으로 이를 반영하지 않는 경우가 많으며 그에 따라서 쓰레기 폐기량은 더욱 많아지게 되고 부동산 가격의 하락은 부동산 소유주들이 부담하게 된다. 이런 외부효과로 인한 문제를 해결하기 위해서는 쓰레기 소각장의 설치로 인한 인근지역의 부동산 가격 하락분을 쓰레기 폐기비용에 추가적으로 포함시켜야 하며, 해당 비용분으로 부동산 소유주의 가격 하락분을 보전해 주어야 할 것이다.

셋째, 부동산시장에 참여하는 자들 간에는 부동산 관련 정보에 대한 비대칭성이 존재하고 있다. 이로 인해 부동산에 대한 고급 정보를 갖고 있는 시장참여자는 시장 가격보다 상대적으로 낮은 수준의 가격으로 부동산을 매입함으로써 비성상적인 이익을 취할 수 있게 된다. 이런 문제를 해결하기 위해서는 정보의 비대칭성이 발생하지 않도록 부동산 관련 정보를 불특정 다수가 쉽게 접근할 수 있도록 제도를 개선하는 것이 필요하다.

정부는 원칙적으로 위와 같은 부동산시장의 실패를 방지하기 위하여 또는 부동산시장의 실패를 보완하기 위하여 다양한 형태의 부동산 정책을 통해 시장개입을 하게 된다. 그런데, 비록 부동산시장의 실패에 해당하지 아니하는 때라도 부동산시장의 안정을 위한 차원에서 부동산 정책을 통해 시장 개입을 하는 경우도 있다. 예컨대, 경제위기의 여파로 인해 부동산시장의 위기가 발생한 때에 부동산시장의 붕괴를 막기 위해서 정부가 부동산시장에 적극적으로 개입할 수 있으며, 금융기관으로 하여금 부동산과 관련된 유동성을 공급토록 하는 것을 들 수 있을 것이다.

다른 한편으로는 부동산시장의 실패나 부동산시장의 안정과 상관없이 단지 부동산시장의 형평성을 증진시키기 위한 차원에서 부동산 정책을 통해 시장 개입을 하는 경우도 있다. 예컨대, 서민의 주거안정을 위해 택지개발사업 시에 임대주택이나 중소형 평형의 주택을 일정 수준 이상 공급하도록 하거나 또는 재건축사업의 추진 시에 일정 비율의 임대주책을 짓도록 하는 경우를 들 수 있다.

이상과 같이 정부가 부동산시장의 실패를 방지 또는 예방하기 위하여, 부동산시장의 안정을 위하여, 부동산시장의 형평성 증진을 위하여 부동산 정책을 통해 시장 개입을 하는 경우에도 소기의 정책목적을 달성하지 못하는 경우, 즉 정부실패(government failure)로 귀결되는 경우도 발생한다. 이러한 정부실패에는 다양한 원인이 있지만, 일반적으로 정부조직의 특성, 파생적인 외부효과의 발생, 비용과 수익의 분리 운영 등을 들 수 있을 것이다.

첫째, 정부가 부동산시장과 관련된 정책을 결정하여 실행함에 있어 필요한 충분한 정보를 확보하지 못하는 경우가 발생할 수 있고, 이로 인해 해당 부동산 정책이 부동산시장에 오히려 역효과를 야기시키는 경우가 발생할 수 있다. 또한 정부의 조직들은 각자가 추구하는 목적에 의거하여 다양한 정책을 실행하게 되는데, 부동산시장과 관련된 정책이 정부의 다른 정책과 충돌함에 따라 소기의 정책효과를 달성하지 못하는 경우가 발생할 수 있다. 둘째, 정부가 부동산시장과 관련된 정책을 실행함에 있어 당초에 의도하거나 예상하지 못한 부정적인(negative) 외부효과가 발생할 수 있다. 즉, 부동산시장은 다양한 이해관계자들 간의 복잡한 상호작용이 수시로 이루어지고 있고 경제적인 문제 이외에도 정치적, 사회적 이슈 등이 매우 복잡하게 얽혀 있는 경우가 많아서 정부가 당초에 목적으로 한 정책의 효과를 얻지 못하는 경우가 발생할 수 있는 것이다. 셋째, 정부의 재정은 비용과 수익이 분리되어 운영되는 특징이 있어서 부동산시장과 관련된 정책을 효율적으로 유지하기가 쉽지 않은 측면이 있다. 그 외에도 때로는 정부 관료, 국회의원, 지방자치단체장 등이 해당 지역의 국지적인 발전을 위해서 정부의 부동산시장과 관련된 정책에 영향력을 행사함으로써 정책의 효율성을 저하시키기도 한다.

2 정부의 부동산 정책

부동산시장과 관련된 정책목표를 달성하기 위해 실행하는 정부의 부동산 정책으로는 부동산시장의 수요 및 공급에 영향을 미치는 수요요인 및 공급요인과 관련된 수요정책 및 공급정책이 있고, 부동산시장의 가격에 직접적으로 개입하는 가격정책이 있으며, 이 외에도 부동산과 관련된 각종 조세를 조정하여 부동산시장에 영향을 주는 조세정책이 있다.

(1) 수요정책

정부가 부동산시장에서 부동산 수요정책을 실시하는 경우에 있어서는 부동산시장에 직접적으로 개입하는 방식보다는 부동산시장의 수요에 영향을 미치는 요인, 즉 수요요인에 영향을 주어 부동산의 수요를 진작 또는 억제시킴으로써 정책목표를 달성하는 간접적인 방식을 선호한다. 부동산시장에서의 수요요인에 영향을 줄 수 있는 정부의 수요정책 중 대표적인 것이 금융과 관련된 정책이다.

부동산시장에서 부동산을 구매하고자 하는 자는 일반적으로 금융회사 등으로부터 부동산 담보대출을 통해 구매대금의 일정 부분을 조달하기 때문에 부동산 담보대출금리와 부동산 담보대출규모가 부동산 수요에 많은 영향을 미치게 된다. 따라서 정부는 부동산 담보대출금리 산정의 기초가 되는 기준금리를 변경하는 방법으로 부동산 수요에 영향력을 행사할 수 있을 것이다. 즉, 한국은행이 기준금리를 인상하면 부동산 수요를 억제하는 효과를 기할 수 있을 것이고, 반대로 기준금리를 인하하면 부동산 수요를 진작하는 효과를 기할 수 있을 것이다. 그런데, 이와 같은 기준금리의 변경은 부동산시장의 수요 측면에만 영향을 주는 것이 아니라 부동산시장의 공급 측면은 물론 일반경제 전반에 영향을 미치게 된다. 그러므로 부동산시장의 심각한 과열 또는 침체로 인해 국가경제 전반에 악영향을 미치게 되는 부득이한 상황이 아니라면 단순히 부동산시장만을 타켓으로 기준금리 변경과 같은 정책을 실행하는 경우는 드문 편이다.

한편 정부는 부동산 담보대출규모의 조절을 통해 부동산 수요에 영향력을 행사할 수 있을 것이다. 예컨대, 금융기관 등으로 하여금 부동산 담보대출 기준을 강화하거나 완화토록 하는 방법을 들 수 있다. 즉, 대부비율 또는 소득 대비 대출비율을 낮추면 부동산 구매 시에 자기자본의 부담이 늘어나서 부동산에 대한 수요를 억제시키게 되고, 반대로 대부비율 또는 소득 대비 대출비율을 높이면 부동산 구매 시에 자기자본의 부담이 줄어들어 부동산에 대한 수요를 진작시키게 될 것이다.

이외에도 특히 주택수요를 촉진하기 위해서 일정 규모 이하 주택의 구매자가 주택담보대출을 받는 경우, 해당 대출금액에 대해 연말정산 시에 세제혜택을 부여하는 것도 수요정책의 하나로 들 수 있을 것이다. 만일 소득공제폭을 높여주거나 세액공제를 해주게 되면 주택수요를 진작시키는 효과를 기대할 수 있을 것이다. 한편 일정 수준 이하 소득계층에 해당하는 주택의 임차인에 대해 임대료를 보조하는 임대료 보조제를 실시함으로써 임대주택에 대한 수요를 진작시킬 수 있을 것이다.

(2) 공급정책

정부는 부동산시장에서 부동산의 공급을 효율적으로 조절하기 위해 부동산 공법에 따라 체계적으로 공급정책을 실시하고 있다. 이러한 공급정책은 부동산시장의 공급에 직접적 또는 간접적인 영향을 주는 바, 정부의 공급정책으로 활용되는 것으로는 용도지역·지구제도, 개발제한구역제도, 택지개발사업, 도시개발사업, 정비사업 등이 있으며, 대체로 택지의 공급 및 건축물의 밀도에 대한 조절을 통해 부동산의 공급을 조절하고 있다.

첫째, 「국토의 계획 및 이용에 관한 법률」에 따른 용도지역·지구제도란 전국의 토지를 그 위치·기능·적성에 따라 여러 가지 지역·지구·구역으로 구분하여 적절한 용도를 부여하고, 그 용도에 부합하는 건축행위 등의 토지이용행위는 허용하되, 그 용도에 부합하지 않는 건축행위 등의 토지이용행위는 규제하는 제도를 말하며, 주로 해당 토지에 지어질 건축물의 허용 및 금지·제한, 건축물에 대한 건폐율·용적률의 규제 및 규제의 강화·완화·배제 등을 통해 도시의 밀도를 조절하게 하기 위한 제도로 이해할 수 있다. 만일 이 밀도를 상향조정하면 공급되는 건축연면적이 늘어나서 부동산의 공급을 촉진하게 되는 것이다.

둘째, 「개발제한구역의 지정 및 관리에 관한 특별조치법」에 따른 개발제한구역(greenbelt zone)제도란 「국토의 계획 및 이용에 관한 법률」에서 정하는 용도구역의 하나로, 도시의 무질서한 확산을 방지하고 도시 주변의 자연환경을 보전하여 도시민의 건전한 생활환경을 확보하기 위해 도시의 개발을 제한하는 제도로 이해할 수 있다. 만일 정부에서 더 이상 개발제한구역으로 지정할 필요가 없다고 평가하는 경우, 주거환경의 개선 및 정비가 필요하다고 판단되는 지역인 경우, 도시용지의 적절한 신규 공급이 필요하다고 판단하는 경우 등의 사유로 개발제한구역을 해제하는 때에는 신규 부동산이 공급되는 효과를 기할 수 있게 된다.

셋째, 「택지개발촉진법」에 따른 택지개발사업이란 일단의 토지를 활용하여 주택건설 및 주거생활이 가능한 택지를 조성하는 사업을 말하며, 도시지역의 시급한 주택난을 해소하기 위하여 주택건설에 필요한 택지를 공급함을 목적으로 하는 사업을 의미한다. 정부가 택지개발지구를 지정하거나 또는 택지개발사업과 관련된 규제를 완화하는 경우에는 택지공급이 늘어나게 되고, 이에 따라 신규 부동산이 공급되는 효과를 기할 수 있게 된다.

넷째, 「도시개발법」에 따른 도시개발사업이란 도시개발구역에서 주거, 상업, 산업, 유통, 정보통신, 생태, 문화, 보건 및 복지 등의 기능이 있는 단지 또는 시가지를 조성하기 위하여 시행하는 사업을 말한다. 정부가 도시개발구역을 지정하거나 또는 도시개발사업과 관련된 규제를 완화하는 경우에는 다양한 형태의 신규 부동산이 대량으로 공급되는 효과를 기할 수 있게 된다.

다섯째, 「도시 및 주거환경정비법」에 따른 정비사업이란 도시기능을 회복하기 위하여 기반시설을 정비하거나 주택 등 건축물을 건설하는 사업으로서 주거환경개선사업, 주택재개발사업, 주택재건축사업, 도시환경정비사업, 주거환경관리사업 및 가로주택정비사업 등이 이에 해당한다. 정부가 도시 및 주거환경의 정비와 관련된 제반 규제를 완화하는 경우에는 정비사업을 통해 도시 내에 신규 부동산이 공급되는 효과를 기할 수 있게 된다.

(3) 가격정책

위에서 살펴 본 정부의 수요정책 및 공급정책은 부동산시장에서의 수요 및 공급에 간접적인 영향을 미치는 정부정책의 성격을 띠고 있는 반면 정부의 가격정책은 부동산시장에서의 수요 및 공급에 직접적인 영향을 미치는 정부정책으로서 부동산시장에서의 정부 개입이 나타나는 전형적인 경우이다. 정부는 부동산시장에서의 정책목표를 달성하기 위하여 가격정책을 통해 부동산 가격을 규제하게 되는데, 이는 결국 부동산시장에서의 수요·공급에 의한 자율적인 가격결정 기능을 훼손하는 결과를 초래하게 되므로, 부동산시장의 안정이 절대적으로 필요한 특단의 경우가 아니라면 쉽게 도입하기 어려운 정책으로 보아야 할 것이다.

이러한 가격정책의 예로는 「주택법」에서 정하고 있는 분양가 상한제를 들 수 있다. 분양가 상한제란 정부가 아파트나 주상복합과 같은 신규 분양주택의 분양가에 대해 최고 가격을 정한 후 그 가격 이하로만 분양가를 책정토록 하는 분양가제한제도를 말하는데, 신규로 분양하는 아파트에 대해 분양가를 제한하는 아파트 분양가 상한제가 대표적인 예라고 할 것이다. 부동산의 자산시장에 있어서 주택의 수요·공급 불균형으로 인해 신규 분양아파트의 분양가가 비정상적으로 상승하는 경우, 이를 방치하면 신규 분양아파트 인근지역의 주택 가격을 상승시키게 되고, 더 나아가 전국적인 주택 가격의 상승으로 이어져 부동산시장의 안정성이 훼손될 위험성이 있게 된다. 따라서 정부는 부동산 자산시장의 안정화를 위하여 아파트 분양가를 제한하는 아파트 분양가 상한제를 실시하게 되는 것이다. 정부에서 아파트 분양가 상한제를 실시하게 되면 상대적으로 분양가격이 저렴하여 신규 분양아파트의 수요는 진작시킬 수 있으나, 반대로 장기적으로는 신규 분양아파트의 공급이 감소하게 될 것이다. 만일 소형 평형의 신규 분양아파트에 대해서만 아파트 분양가 상한제를 적용하게 되면 소형 평형 신규 분양아파트의 수요는 증가하는 반면 공급은 감소하게 될 것이며 상대적으로 대형 평형 신규 분양아파트의 공급이 증가될 수 있을 것이다. 이러한 분양가 상한제에 대해서는 주택시장의 안정화에 기여한다는 긍정적인 평가도 있지만, 한편으로는 주택시장에 대한 인위적인 정부의 개입으로 인한 시장 가격 왜곡으로 오히려 주택시장을 위축시키는 결과를 초래하고 있기 때문에 분양가 자율화로 전환하거나 또는 필요한 지역에 한해 분양가를 제한하는 분양가 상한제 탄력 운영이 필요하다는 반론도 있다.

또 다른 가격정책의 예로서는 임대료 상한제를 들 수 있다. 임대료 상한제란 정부가 임대 부동산의 임대인이 임차인으로부터 일정 수준 이상의 임대료를 받지 못하도록 하는 임대료 제한제도를 말하는데, 아파트나 오피스텔 또는 상가 등에 대해 임대료를 제한하는 경우를 들 수 있다. 부동산의 공간 시장(임대시장)에 있어서 임대 부동산의 임대료가 비정상적으로 상승하는 경우, 이를 방치하면 임차인의 소득 수준으로 임대료를 감당할 수 없게 됨에 따라 임대료의 지급 지연 또는 지급불능과 같은 사유로 임차인의 지위를 상실하게 되는 등 임차인의 주거 및 생활의 안정성이 크게 훼손될 위험성이 있게 된다. 따라서 정부는 부동산 공간 시장(임대시장)의 안정화를 위하여 부동산 임대료를 제한하는 임대료 상한제를 실시하게 되는 것이다.

정부에서 임대료 상한제를 실시하게 되면 임대 부동산에 대한 수요는 증가될 수 있으나, 반면 장기적으로 임대 부동산의 공급은 감소하게 될 것이다. 임대료 상한제에 대해서는 임차인의 지위를 보호함에 따라 주거 및 생활의 안정화를 기할 수 있다는 긍정적인 평가도 있지만, 한편으로는 임대료 상한제에 의한 시장 가격 왜곡으로 임대 부동산의 공급이 급격하게 감소하게 되고 임대 부동산의 질적 수준이 저하되며, 더 나아가 임차인의 선별적 선택이라는 문제까지 발생됨에 따라 전반적으로 임차인의 보호를 더 약화시키게 된다는 부정적인 평가도 있다.

(4) 조세정책

정부의 가격정책과 같이 부동산시장에서의 수요 및 공급에 직접적인 영향을 미치지는 않지만, 간접적으로 가격정책과 유사한 효과를 기할 수 있는 정부정책으로 조세정책을 들 수 있다. 즉, 정부가 부동산의 수요자 또는 공급자에 대해 다양한 형태의 조세를 신설·강화하거나 또는 폐지·완화하는 조세정책을 실시하는 경우, 부동산의 수요자 또는 공급자에게 적용되는 조세의 증가 또는 감소분만큼이 부동산 가격에 전가되기 때문에 결과적으로 부동산 가격에 개입하여 부동산의 수요 및 공급에 영향을 미치는 효과를 기할 수 있기 때문이다. 예컨대 부동산의 거래단계 중 취득단계에 있어서 취득세를 인상 또는 인하하거나, 보유단계에 있어서 재산세·종합부동산세를 인상 또는 인하하거나, 처분단계에 있어서 양도소득세를 인상 또는 인하함으로써 부동산의 수요를 억제 또는 진작시킬 수 있을 것이다. 한편, 「개발이익환수에 관한 법률」에 따라 토지의 개발사업을 통해 발생된 개발이익을 환수하기 위해 징수하는 개발부담금을 강화 또는 완화함으로써 부동산의 공급을 억제 또는 진작시킬 수 있을 것이다.

그런데 이와 같은 부동산 관련 조세정책은 비록 세수의 확보 및 부동산시장의 안정화라는 정책목표를 달성하기 위한 측면에서 그 필요성이 인정되지만, 부동산의 수요 및 공급에 미치는 파급효과가 매우 크기 때문에 조세정책의 빈번한 변경은 오히려 부동산 시장을 왜곡시키고 더 나아가 사회 전체의 후생을 감소시킬 가능성도 있는 것이다. 따라서 정부는 부동산 관련 조세정책을 실시함에 있어 일관성을 유지하면서 보다 거시적이고 장기적인 관점에서 접근할 필요가 있는 것이다.

표 5-3 정부의 주요 부동산 정책

구분		내용
수요 정책	부동산 담보대출 기준금리 조정	부동산 담보대출금리 산정의 기초가 되는 기준금리를 조정하여 부동산 수요를 조절
	부동산 담보대출규모 조정	대부비율(LTV)이나 소득 대비 대출비율(DTI)을 통해 대출규모를 조정하여 부동산 수요를 조절
	주택담보대출 세제혜택 조정	주택담보대출을 받은 주택구매자에 대해 연말정산 시의 세제해택(소득공제, 세액공제 등) 수준을 조정하여 부동산 수요를 조절
	임대료 보조제 실시	일정 수준 이하 소득계층에 해당하는 주택의 임차인에 대해 임대료를 보조하여 임대주택에 대한 수요를 조절
공급 정책	용도지역·지구제	용도지역과 용도지구 지정을 통해 부동산의 용도 및 밀도(건폐율, 용적률)의 조정하여 부동산 공급을 조절
	개발제한구역(그린벨트) 제도	개발제한구역(그린벨트)의 지정 및 해제를 통해 부동산 공급을 조절
	택지개발사업	택지개발지구의 지정 등을 통해 주택을 공급
	도시개발사업	도시개발구역의 지정 등을 통해 주거, 상업, 산업, 유통 등의 기능을 가지는 부동산을 공급
	정비사업	주거환경개선사업, 주택재개발사업, 주택재건축사업, 도시환경정비사업, 주거환경관리사업 등을 통해 도시 내 부동산을 공급
가격 정책	분양가 상한제	신규 분양주택의 분양가를 최고 가격 이하로 책정토록 하여 주택의 수요 및 공급을 조절
	임대료 상한제	임대인이 임차인으로부터 지급받는 임대료를 일정 수준 이하로 책정토록 하여 임대주택의 수요 및 공급을 조절
조세 정책	취득세	부동산의 취득단계, 보유단계, 처분단계별로 부동산 관련 조세를 적용하여 부동산의 수요를 조절하고, 토지의 개발사업을 통해 발생된 개발이익을 환수함으로써 부동산의 공급을 조절
	재산세, 종합부동산세	
	양도소득세	
	개발부담금	

1   부동산펀드 투자와 실물 부동산 투자

부동산펀드를 투자하는 것은 실물 부동산에 투자하는 것과 같은 유사한 효과를 갖게 되지만 투자자의 입장에서는 실물 부동산에 투자하는 것과는 구별되는 다른 효익과 위험을 갖게 되므로 이를 잘 고려해야 한다.

부동산펀드는 투자전문집단인 자산운용사가 투자를 집행하므로 투자자 입장에서는 부동산 투자 시 수반되는 투자대상 부동산에 대한 정보수집 활동, 권리관계 및 자산의 물리적 상태 등에 대한 실사, 거래상대방과의 협상 및 매매계약의 체결, 권리의 보존 및 세금의 납부, 부동산의 유지관리, 임차인관리 등 많은 업무에서 자유로울 수 있다. 자산운용사에게 부동산 투자를 전적으로 맡기는 만큼 투자자 입장에서는 그 자산운용사가 투자대상 부동산 운용에 전문성을 잘 갖추고 있는지를 따져보아야 한다. 예를 들어 호텔이나 리조트에 투자하는 부동산펀드에 투자하고자 한다면 동 펀드를 운용하는 자산운용사에 호텔, 리조트 관련 전문인력을 보유하고 있는지 살펴보아야 한다.

부동산펀드가 투자하는 부동산의 유형과 입지, 수익의 안정성, 향후 매각의 용이성 등을 살펴보아야 하는 것은 실물 부동산에 투자하는 것과 마찬가지이다. 부동산펀드에 투자하는 것은 펀드의 집합투자증권을 보유하게 되는 것이며 집합투자증권을 시장에서 매매하는 것이 가능하나 펀드의 순자산가치보다 할인되어 거래되는 것이 일반적이다. 따라서 부동산펀드가 청산되기 전에 중도에 집합투자증권을 매각한다면 일정 부분 손실을 감수해야만 할 경우가 발생한다. 역으로 시장에서 집합투자증권을 매수한다면 펀드의 순자산가치보다 할인된 가격에 살 수 있으며 만기까지 보유할 경우 순자산가치에 상응하는 금액을 회수할 수 있게 된다. 여기에서 할인율은 거래 당시의 금리 수준이 주요 변수가 된다.

2 부동산펀드 투자 시 검토사항

(1) 투자대상 자산분석

부동산펀드의 투자설명서와 투자제안서를 살펴보면 펀드에서 투자하고자 하는 투자대상물건에 대한 자세한 설명이 나온다. 부동산 투자에 있어 투자의 알파와 오메가는 부동산의 입지(Location)이다. 투자의 "첫째 원칙은 입지이고 둘째 원칙도 입지이고 셋째 원칙도 입지"라는 이야기가 있다. 핵심지역에 속하는 우량 부동산(Prime Location, Prime Property)이면 리스크가 적다. 그러한 부동산이 많은 부동산 투자자들의 관심대상이 되기 때문에 시장이 좋을 경우 가격이 많이 오르고 시장이 좋지 않을 경우라도 가격 하락폭이 적은 것이 일반적이다. 그러한 부동산이 상대적으로 공실률은 낮고 임대료는 높아 안정적인 수익을 창출하기 때문이다. 그러나 투자대상물건이 핵심지역에 속한 비우량자산이거나 핵심지역에 속하지도 않은 비우량 자산이냐 등 입지적 속성과 결합된 자산의 속성을 고려하여 리스크를 검토하여야 한다. 일반적으로 좋지 않은 입지의 비우량자산의 경우 시장이 좋지 않을 경우에는 환금성이 거의 없어 가격을 싸게 내놓더라도 팔리지 않을 가능성이 매우 크다.

구체적인 개별 물건에 대한 분석은 자산운용사에서 실행하기 때문에 일반적 관점에서 위와 같은 사항을 점검해보는 것이 필요하다 하겠다. 투자자산의 입지와 함께 그 용도가 중요하다. 입지적 특성에 부합하는 용도의 부동산이어야지 투자효율이 높을 것이다. 2급지에 특급호텔을 지어보아야 투자비만 많이 들고 수익성은 떨어질 것이기 때문이다. 동일한 입지라고 하더라도 오피스보다는 호텔이 적합할 수 있다.

(2) 투자대상 부동산시장에 대한 분석

부동산펀드가 투자하고자 하는 부동산은 그 부동산이 속한 시장의 흐름과 무관할 수 없다. 투자대상 자산이 오피스빌딩이라고 하면 그 지역의 오피스시장에 대한 보고서를 통해 시장의 수급을 확인해 볼 수 있다. 임대료나 공실률의 추이가 어떻게 변해왔는지를 살펴보고 신규 공급계획에 대한 확인을 통해 향후 임대료의 안정성 여부 등을 판단해 보아야 한다. 또한 그 지역과 경쟁하는 지역과의 임대료의 차이, 임차인들의 산업구성 등을 살펴보고 시장 간의 이동요인 등에 대해 점검해 볼 필요가 있다. 한 때 자연

공실률 수준을 유지했던 서울 강남오피스 시장이 주된 임차인이었던 IT업체들이 판교 벤처밸리나 구로디지털밸리쪽으로 대거 이동함에 따라 공실률이 급증하고 실질 임대료 가 상당부분 하락한 현상을 보였던 것처럼 산업생태계의 변화도 부동산시장에 직접적 인 영향을 줄 수 있으므로 수급상의 변동요인을 잘 살펴보아야 한다.

(3) 자산운용회사 분석

부동산펀드에 대한 투자도 다른 펀드에 대한 투자와 마찬가지로 자산운용회사의 역 량을 살펴보는 것이 무엇보다 중요하다. 일반적으로 과거의 운용실적(Track Record)과 시 장의 평판을 우선적으로 고려하여야 한다. 과거의 성과가 미래의 성과를 보장하는 것은 아니지만 아무래도 해당 시장에서 자산운용회사의 과거실적을 보았을 때 지속적으로 안정적인 성과를 시현했다고 한다면 상당 부분 신뢰할 수 있을 것이다. 여기에서 지속 적으로 안정적인 성과의 시현 여부는 투자를 실행한 연도(Vintage)를 고려해야 한다. 시 장은 경기변동에 따라 출렁거리기 마련이며 특정 연도에 투자한 자산은 자산운용회사 의 투자역량과 관계없이 좋은 성과를 낼 수도 있기 때문에 비슷한 시기에 투자한 다른 자산운용회사가 운용하는 펀드의 성과도 같이 비교해 보아야 한다. 시장의 부침과 관 계없이 꾸준히 좋은 운용성과를 보여주는 자산운용회사가 운용하는 펀드를 선택한다면 투자실패의 리스크는 매우 제한적일 것이다.

시장의 평판을 고려함에 있어서는 일반적으로 대중들에게 알려진 내용보다는 부동산 투자 관련 업계에서의 평판이 중요하다. 부동산 투자와 관련하여 시장에 참여하는 전문 가들이나 협력관계 또는 경쟁관계에 있는 사람들로부터는 보다 깊고 자세한 정보를 확 인할 수 있기 때문이다. 또 안정적인 성과를 지속할 수 있는지의 여부는 투자운용인력 의 이직률을 통해 추정해 볼 수 있다. 이직률이 높을 경우에는 운용성과의 안정성이 훼 손될 개연성이 매우 크다 할 것이다. 이직률이 높은 회사의 경우에는 일반적으로 관련 업계 내에서 좋은 평판을 유지하기가 어려울 것이다.

일반적으로 평판이 좋은 자산운용회사라고 해서 모든 유형의 펀드운용을 잘 하기는 어렵다. 또한 부동산펀드라고 하더라도 부동산펀드의 유형별로 특화되거나 강점을 갖 는 자산운용회사가 있다. 예를 들면 물류나 리테일에 강점을 갖는 자산운용회사가 있으 며, 또한 프로젝트 파이낸싱과 메자닌대출에 강점을 갖는 자산운용회사가 있을 수 있어 서 투자하고자 하는 대상자산의 유형별로 강점이 있는 자산운용회사를 찾아보거나 투 자하고자 하는 부동산펀드의 유형에 해당 자산운용회사가 강점이 있는지를 확인해 보아야 한다.

해외에 투자하는 부동산펀드의 경우에 있어서는 해외에 운용을 위탁하거나 자산관리를 위탁하고 있는 해외자산운용기관도 마찬가지의 관점에서 살펴보아야 한다. 경우에 따라서는 국내 자산운용회사가 적극적인 역할을 하기 보다는 실질적으로 해외 펀드의 국내 투자 도관 역할에 머무는 경우들이 있어 각각 어떤 역할을 담당하는지 그 실질을 잘 살펴보아야 한다. 특히 재간접펀드의 경우에 있어서 국내 운용사는 실질적으로는 판매회사의 기능을 수행한다고 볼 수 있으며 운용책임과 관련하여 국내 운용사의 책임범위가 제한적이고 그렇다고 국내 투자자가 피투자펀드 운용사인 해외운용사에 대해 클레임을 제기하기도 쉽지 않음을 유의해야 한다.

(4) 투자전략

부동산 투자에 있어서 추구하는 투자목표와 그 투자목표를 달성하기 위해 부담해야 하는 투자 리스크의 정도에 따라 전통적으로 다음 4가지의 투자전략으로 구분하고 있다.

❶ 핵심(Core)전략 : 중심지역이나 교통의 요지에 존재하는 부동산에 대한 투자로 가장 보수적인 낮은 리스크를 감수하며 낮은 기대수익을 추구한다. 양호한 현금흐름을 창출하는 우량 부동산에 대한 투자가 주된 전략이다.

❷ 핵심플러스(Core-plus)전략 : 핵심전략보다는 다소 높은 리스크를 감수하며 보다 높은 수익을 추구하는 전략으로 다소간의 가치제고 활동을 수반하거나 입지여건의 개선이 기대되는 부동산에 투자한다.

❸ 가치부가(Value added)전략 : 중위험-고수익을 추구하는 전략으로 부동산 개량이나 일정 수준의 재개발투자를 실행하고 시장이 좋을 때 되파는 전략을 사용한다. 이 전략은 전통적으로 관리방법의 변경이나 물리적 개선 등을 수행하며 그러한 개선작업을 통해 임대수익의 제고를 추구한다.

❹ 기회추구(Opportunistic)전략 : 고위험을 감수하며 최고의 수익을 추구하는 전략으로 개발되지 않은 토지에 투자하여 개발하거나 저평가된 시장이나 교통이 덜 발달한 지역의 토지 등에 투자한다.

투자자의 위험선호도를 감안하여 투자하고자 하는 부동산펀드가 위의 어떤 전략으로 분류될 수 있는지를 점검해보고 적합한 펀드를 찾아야 한다. 부동산펀드가 투자하고자 하는 투자대상과 그 운용전략을 감안할 때 기대되는 수익과 부담하는 위험 간의 관계를 명확히 하는 것이 필요하다. 중수익을 추구하면서 고위험을 부담하는 성격의 부동산 펀드도 존재한다. 프로젝트 파이낸싱에 있어 중순위나 후순위에 투자하는 대출형 펀드의 경우에 있어서는 수익은 제한적이고 지분투자와 거의 같은 수준의 리스크를 감수하는 경우도 쉽게 발견할 수 있다.

(5) 투자구조

부동산펀드는 그 투자대상과 투자지역 등에 따라 매우 복잡한 투자구조를 가질 수 있다. 단순하게 부동산펀드가 부동산을 취득하여 보유하는 구조 외에 부동산펀드가 부동산 투자목적회사 등에 중층적으로 투자하는 구조를 가질 수 있으며 특히 해외 부동산에 투자하는 경우 조세피난처 여러 곳에 특수목적회사(SPC)를 세우고 투자형식도 지분과 메자닌 등을 섞어서 구조를 짜는 경우가 일반적이다. 이러한 투자구조는 기본적으로 투자설명서나 투자제안서에 도표로 소개되고 있는데 각각의 투자형식이나 투자도관들과의 관계를 이해하는 것이 필수적이다.

부동산 투자와 관련하여서는 취득과 처분이 실물자산에 대한 직접적인 취득과 처분이 이뤄지는 경우(Hard-asset Deal)에 있어서는 그 구조가 비교적 단순하지만 특수목적회사의 지분 등에 대한 취득과 처분이 이뤄지는 경우(Share Deal)에 있어서는 직접적으로 양수도하는 지분 등과 관련하여 동 지분을 통해 지배하는 다른 특수목적회사에 대한 지배관계를 확인할 필요가 있다. 일반적으로 특수목적회사는 직원이나 사무실이 없는 명목회사(Paper Company)로 설립되고 의사결정은 이사회나 사원총회 등을 통해 이뤄지게 된다. 따라서 투자자는 이사회에 참여할 이사의 지명권이나 지배권 등을 확보하는 것이 중요하다.

단독투자의 경우에 있어서는 100% 주주로서 대표이사를 포함한 모든 이사, 감사 등을 선임할 수 있어 문제될 것이 없지만 공동투자의 경우에 있어서는 지배구조를 어떻게 정할 것인지가 매우 중요하다. 지배하고자 하는 특수목적회사의 법률적 형태에 따라 의사결정의 구조가 달라지게 되며 공동투자자와의 협의 결과에 따라 이사의 선임이나 이사회의 의사결정방법 등을 달리할 수 있다. 주주총회를 통한 지배의 경우에 일반적으로는 50%＋1주를 확보하면 지배권을 가질 수 있지만 보다 확실한 지배를 위해서는 주주총회의 특별결의 요건을 구성할 수 있는 지분을 확보할 필요가 있다. 소수지분 투자의 경우에 있어서는 취득, 처분 등 중요한 의사결정에 있어 주주전원의 합의 내지 이사회의 만장일치 등으로 결의요건을 강화하거나 거부권을 확보하고 있는 지와 함께 공동

매각권(Tag-along right) 등을 갖고 있는지의 여부 등을 확인하여야 한다. 부동산의 경우 일부 지분보다는 전체 지분을 매각하는 것이 일반적으로 유리하기 때문에 지배지분을 갖고 있는 경우에도 공동매각요구권(Drag-along right)을 확보하는 것이 중요하다. 회사형 태에 따라서는 지분을 양도하고자 하는 경우 공동투자자의 동의가 필요하거나 업무집 행 사원(GP)이 별도로 있는 경우에는 업무집행 사원의 동의가 필요한 경우도 있어 주주 나 사원간의 관계를 명확히 확인하여야 한다. 이러한 관계를 정의하고 있는 것이 정관 과 주주 간 계약서이며 그 주요 내용이 투자설명서나 투자제안서 등에 잘 설명되어 있 는지 확인하고 부족하면 자산운용회사를 통해 관련 내용을 확인해 보아야 한다.

위에 설명한 특수목적회사(Holding Company)가 최종적으로 지배하는 부동산을 직접 소유하고 관리, 운영하는 프로젝트회사(Project Company)의 경우에는 명목회사가 아니라 실제로 직원을 고용하고 운영되는 회사가 일반적이기 때문에 회사의 운영관리에 관한 의사결정구조와 현금흐름 및 재무관리에 대해 확인해 보아야 한다. 특히 신흥국 부동산 에 투자하는 경우에 있어서는 외국환에 대한 통제가 까다롭기 때문에 프로젝트회사에 서 발생하는 잉여현금에 대한 과실송금이 제한되는 경우들이 있어 관련 내용을 자세히 확인해 보아야 한다.

국내 투자의 경우에 있어서도 개발사업 등에 있어서는 프로젝트 금융투자회사(Project Financing Vehicle)를 설립하여 사업을 추진하는 것이 일반적이며 프로젝트 금융투자회사 는 명목회사로 구성되고 실제 프로젝트의 추진과 관리운영은 자산관리회사(시행사)에서 수행하게 된다. 따라서 프로젝트 금융회사 및 자산관리회사의 운영과 관련된 제반약정 에 정의된 참여주체별 권리와 의무 등에 대한 내용을 확인하는 것이 중요하다.

위와 같은 투자구조를 확인하고 설계하는 과정에서 자산운용회사의 역할이 중요하며 투자자 보호를 위해 필요한 장치들을 적절하게 구비하고 있는지의 여부를 자산운용회 사를 통해 확인하는 것은 투자자나 투자중개업자의 중요한 역할이라 할 것이다.

(6) 부동산펀드의 기대수익

부동산펀드는 취득 후 임대 등 운영에서 발생하는 운영수익과 자산매각 시 발생하는 처분이익을 수익의 원천으로 하고 있으며 동 수익의 현금흐름에 대한 할인율을 적용하 여 기대수익률을 산출하게 된다. 여기에는 미래 수익에 대한 일정한 가정이 들어가게 되며 그러한 가정의 적정성과 함께 그러한 가정에서 주요 변수가 달라질 경우 기대수 익률이 어느 정도 달라지는 지에 대한 민감도를 분석해 보아야 한다. 임대수익의 경우 공실률과 임대료 상승률에 대한 가정이 보다 보수적인 수치를 적용할 때 어느 정도 수익률이 하락하는 지에 대한 분석이 필요하며 부동산펀드는 통상 차입을 통한 레버리지를 사용하고 있기 때문에 금리가 상승할 경우 부담하게 될 이자비용의 증가와 함께 할인율의 상승에 따른 수익률의 하락이 어느 정도인지 등도 같이 보아야 한다. 금리가 장기적으로 하락하면서 투자의 자본환원율도 낮아져 자산가격이 꾸준히 올라가고 있는 시장에서 향후 금리의 방향성이 반대로 움직일 경우 투자자의 기대수익률이 어느 정도 영향을 받을 것인지를 고려해야 한다. 경기가 침체되면서 공실률은 상승하고 그에 따라 분배 가능한 미래의 현금흐름이 축소되는 가운데 가격이 계속 상승하는 현상은 지속되기 어렵다고 판단하는 것이 합리적일 것이다. 특히 부동산 개발사업에 투자하는 경우에 있어서는 개발이 완료되고 운영이 안정화되기까지는 현금흐름이 계속 부(-)의 흐름을 보일 것이고 그 가운데 금리가 오르게 되면 총사업비가 증가하게 되어 기대수익에 부정적인 영향은 물론이고 사업의 안정성까지 훼손당할 우려가 있다. 따라서 부동산펀드를 투자함에 있어 여러 가지 있을 수 있는 시나리오별 기대수익률에 대한 분석과 최악의 상황을 감내할 수 있는 지의 여부를 판단할 필요가 있다.

(7) 부동산펀드 투자비용

부동산펀드 투자에 있어 투자자가 부담하는 투자비용은 펀드가 부동산에 투자를 실행함에 따라 발생하는 비용과 함께 부동산펀드의 자산운용회사나 판매회사 등에 지불하는 수수료비용 등을 같이 고려하여야 한다. 부동산 투자를 실행함에 따라 발생하는 비용으로는 투자대상 부동산에 대한 실사(법률실사, 재무실사, 감정평가, 물리실사)비용과 중개수수료,[4] 취등록세, 대출실행에 따라 부대되는 취급수수료 등 있으며 부동산의 취득에 부대되는 비용으로 회계적으로는 자본적 지출항목으로 인식되어 취득원가에 가산된다. 자산운용회사에 지급되는 자산매입수수료도 취득원가에 가산되며 이러한 매입부대비용은 대체로 부동산 취득가액의 2% 내외로 부동산펀드의 순자산가치가 실제보다 크게 보이게 하는 효과가 있다.

부동산펀드를 취득함에 있어서도 투자자는 판매회사에 선취수수료와 판매보수를 부담하며 선취수수료는 투자원본에서 빠져 나가고 판매보수는 통상 펀드 만기까지 꾸준히 부담하게 된다. 또한 자산운용회사가 부동산을 취득하거나 매각할 때 지급하는 자산매매보수와 펀드 만기까지 부담하는 자산운용보수가 있다. 판매보수의 경우에는 펀드

---

4 통상 매입자문수수료로 지급된다.

의 순자산가치에 보수율을 곱한 금액을 부담하지만 자산운용보수의 경우에는 부동산가액에 보수율을 곱한 금액을 부담하여 일반적으로 부동산펀드가 50% 내외의 차입을 실행하여 부동산을 취득하기 때문에 실제로 부담하는 자산운용보수는 순자산가치를 기준으로 산출하는 경우와 비교할 때 2배 수준에 달하기 때문에 투자자는 실제 부담하는 비용을 유념하여야 한다. 또한 보유 부동산에 대해 정기적으로 공정가치를 평가하여 이를 순자산가치에 반영하기 때문에 보유 부동산의 평가액이 상승하는 경우 투자자는 그에 상응하여 운용보수와 판매보수를 추가로 부담하게 되기도 한다.

부동산펀드 투자자는 위의 제반 비용 외에도 이익분배금을 지급받을 때 부담하는 세금과 펀드 만기 시 청산배당금을 지급받을 때 부담하는 세금 등을 고려해야 한다. 수익성 부동산에서는 꾸준히 이익분배가 발생하며 판매회사에서는 이익분배금에 대해 일정률의 원천세를 공제하고 잔여금액을 지급하게 된다. 부동산펀드에서 발생하는 이익분배금은 금융소득으로 분류과세되어 투자자가 개인일 경우 금융소득의 연간합산액이 2천만 원을 초과할 경우에는 종합과세 대상이 되어 판매회사에서 공제한 원천세외에 개인의 소득규모에 따른 누진소득세를 추가로 부담하여야 한다. 부동산펀드를 청산할 때에는 자산의 매각이익이 발생하게 되며 동 매각이익이 일시에 분배되기 때문에 다른 금융소득이 없는 경우에도 금융소득 종합과세 대상이 될 수 있음에 유의해야 한다. 금융소득 종합과세 대상이 되면 소득세를 부담하는 것 외에도 의료보험 등 다른 경제적 부담을 추가적으로 부담하게 될 수도 있다.

chapter 06

부동산펀드 리스크 관리

section 01 **총론**

1 투자위험

1) 투자위험의 개념

투자위험(Risk, 리스크)에 대한 정의는 다양하다. 투자위험은 개인이나 조직이 추구하는 목적 달성에 부정적 또는 긍정적인 영향을 줄 수 있는 어떤 행위나 사건의 발생 가능성을 말한다. 또한 투자위험은 위험으로 미래 수익의 불확실성 또는 회사나 고객이 경제적, 비경제적 손실을 부담하게 될 가능성 또는 잠재적인 손실 정도를 말한다.

2) 전통적인 금융투자상품의 투자위험

(1) 시장위험

시장위험은 시장성 있는 증권 등에서 주가, 이자, 환율 등 시장 가격 기타 가격 결정 변수의 변동으로 인하여 입을 수 있는 잠재적인 손실로서 주가의 변동 위험, 베타위험, 배당위험 등을 포함하는 주식위험, 수익률 곡선 위험, 이자율 변동 위험, 이자율 스프레드 위험, 조기상환 위험 등으로 세분되는 이자율위험, 환율 변동 위험, 환평가손익 위험 등의 환율 위험 등으로 세분된다.

(2) 신용위험

신용위험은 거래상대방의 계약불이행이나 신용도의 저하로 인하여 입게 될 예상손실(Expected Loss) 및 비예상손실(Unexpected Loss), 즉 잠재적인 손실로서, 대출, 지급보증 등 노출액(Exposure)이 확정된 상품의 결제불이행 위험인 확정된 신용위험, 스왑이나 옵션 등 노출액이 확정되지 않은 장외파생상품의 미확정된 신용위험, 지급결제제도 등의 결함으로 결제가 이루어지지 못하는 결제위험 등으로 세분된다.

(3) 운영위험

운영위험은 부적절하거나 잘못된 내부의 절차, 인력 및 시스템의 관리부실 또는 외부의 사건 등으로 인하여 발생할 수 있는 잠재적인 손실로서 거래위험, 운용위험, 시스템위험으로 세분될 수 있다.

---

2 부동산 투자의 위험

1) 대체투자(Alternative Investment)의 특성

대체투자는 대체적 자산군(alternative asset class)에 투자하는 것, 또는 대체적 전략(alternative strategy)으로 투자하는 것을 의미한다. 대체적 자산군에 투자하는 것은 주식, 채권, 머니마켓과 같은 전통적인 자산군(traditional asset class) 이외의 자산에 투자하는 것을 의미하며, 대체적 투자전략으로 투자하는 것은 전통적인 자산에 투자하더라도 기존의 전통적인 투자방식과 차별되는 투자전략으로 투자하는 것을 의미한다. 부동산, SOC, 신재생에너지 등에 대한 투자는 대체적 자산군의 관점의 대체투자로 이해할 수 있고 PEF의 투자는 전통적인 자산인 주식에 투자하면서도 경영지배목적의 투자전략으로 차별화된다.

대체투자는 전통적 투자(traditional investment)와 비교하여 다음과 같은 특성[1]을 지니는데 이러한 특성은 부동산 투자(대출, 출자 등)에도 큰 차이 없이 적용된다.

❶ 투자대상으로는 짧은 역사를 가짐

❷ 투자 포트폴리오에서 보편적이지 않은(uncommon) 투자형태

❸ 전통적인 투자에 비해 유동성이 낮음

❹ 장기 투자가 대부분으로 장기간 환매 불가 기간이 있음

❺ 높은 수수료(취득 및 처분수수료, 성과수수료, 운용수수료 등)

❻ 일시에 대규모의 자금을 확실히 조달해야 하는 특성상 일반 개인투자자보다는 기관투자자의 투자수단으로 활용

❼ 전통적 투자자산과는 상관관계가 낮은 경향

❽ 대부분의 대안투자 자산은 주식, 채권 등 전통적 투자자산과는 달리 투명한 공개시장에서 대량으로 거래가 이루어지지 않아 공정가치를 평가하는 데에 어려움이 있음

❾ 실제 거래 시에 거래 가격은 개별적인 가치평가(Mark-to-Model)된 가격이 아니라 협상에 따라 달라짐

❿ 성과 비교의 기준이 되는 적절한 벤치마크가 없으며, 절대적 수익률(absolute return)을 고려하게 됨

⓫ 운용역의 전문성에 의존하는 경우가 많음

2) 대체투자의 위험

대체투자가 전통적 투자와 달리 갖는 특성들로 인해 근본적으로 기존의 전통적인 주식, 채권 투자에 수반되는 위험과는 다른 투자위험을 수반하게 되며 앞에서 정리한 대체투자의 특성에서 기인하는 기본적 위험을 정리해 보면 다음과 같다.

---

1 유상현(2007), "국민연금기금의 대안투자 운용방안", 국민연금연구원, pp. 5~6 참조.

(1) 투자대상으로는 짧은 역사를 가짐

과거에는 부동산 등을 직접 소유하는 형태의 직접투자만이 있었으나 2001년 부동산 투자회사법이 제정되면서 처음으로 부동산에 대한 간접투자상품이 도입되었고 2004년 간접투자자산운용업법 도입에 따라 부동산 및 특별자산에 대한 간접투자가 활성화되기 시작하여 대체투자와 관련한 전문인력이 부족했으며 경험과 지식의 축적이 일천했다. 그에 따라 투자대상 자산도 초기에는 개발프로젝트에 대한 대출이나 임대용오피스투자가 주를 이루었고 시행착오도 많이 겪어왔다. 대체투자대상 자산이나 투자전략 등에 있어서 보다 세분화되고 전문화된 접근이 요구된다고 하겠다.

(2) 투자 포트폴리오에서 보편적이지 않은 투자형태

대체투자는 전통적인 투자대상인 주식, 채권과는 달리 표준화되지 않고 개별성이 강한 투자로 투자대상에 대한 전산관리 및 위험의 계량적 측정이 어려우며 일부 담당 운용역 외에는 프로젝트에 대해 상세하게 파악하기가 곤란하다. 따라서 관리부서에서는 프로젝트의 운용성과 관리가 곤란하고 위험의 발생 여부를 즉각적으로 파악하기가 쉽지 않다.

(3) 장기간 환매불가 기간이 있고 유동성이 낮음

대체투자펀드는 장기 투자가 대부분이고, 증권형 펀드와는 달리 포트폴리오를 구성해서 투자하는 것이 아닌 단일 프로젝트가 하나의 부동산펀드를 구성하고 있는 경우가 많고 즉시 현금화가 가능하지 않은 자산들이어서 환매금지형 펀드로 설정되는 것이 일반적이다. 다만 공모펀드의 경우는 집합투자증권을 상장하여 거래소를 통해 투자자가 투자금을 회수할 수 있는 제도적 장치를 마련해 주고 있기는 하나 종목에 따라서는 거래량이 매우 적어 현금화하기 어려운 경우가 많다.

(4) 높은 수수료(취득 및 처분수수료, 성과보수, 운용보수 등)

부동산펀드는 증권형 펀드와 달리 매입보수나 매각보수 등을 자산운용사 등에게 추가 지급하게 되는 경우가 있는데, 특히 실물형 부동산펀드에서 부동산 매입금액의 50~100bp 수준의 취득수수료가 발생하고 부동산 매각시 처분이익이나 매각금액의 일정액을 처분수수료 등으로 지급하는 등 펀드의 설정 및 청산 시점에 높은 수수료가 발생한다. 또한 대상자산을 취득함에 있어 감정평가, 재무실사, 법률실사, 물리실사 등 외부전문가에게 지급해야 하는 수수료와 취등록세 등 높은 거래비용을 펀드가 부담하게 되는데 이는 모두 투자자에게 귀속된다.

(5) 일반 개인투자자보다는 기관투자자의 투자수단으로 활용

부동산펀드 등 대체투자펀드는 대출이나 대출채권 매입, 부동산 등 실물자산의 매입 등의 형태로 운영이 되는 관계로 일정 시점에 거액의 자금을 거래상대방에게 지급을 해야 한다. 따라서 다수의 소액투자자들로부터 자금을 조달하기보다는 거액의 자금을 투자할 수 있고 투자하기로 약속한 경우 반드시 이행할 것이라고 신뢰할 수 있는 소수 기관투자자의 자금을 선호하게 된다. 또한 거액의 투자약정을 하고 이를 기성 등에 따라 시간을 두고 투자하는 방식(Capital Call 방식)으로 운용하여 소수 기관투자자로 투자자를 구성해야만 하는 경우가 많다.

(6) 공정가치를 평가하는 데에 어려움이 있음

집합투자재산의 평가는 시가에 따라 평가하는 것이 원칙이고 평가일 현재 신뢰할 만한 시가가 없는 경우에는 공정가액으로 평가하여야 한다. 부동산 등 대체투자 대상자산의 경우에 있어서는 감정평가업자 등으로부터 제공받은 가격 등을 고려하여 집합투자재산평가위원회에서 평가한 가격으로 평가하는 것이 원칙이다. 그러한 평가에는 시간과 비용이 많이 소요되며 경우에 따라서는 외부전문가라도 평가할 수 없는 자산도 있다.

(7) 적절한 벤치마크가 없으며, 절대적 수익률(absolute return)을 고려

증권형 펀드의 경우 일반적으로 벤치마크가 있어 펀드의 실적이 벤치마크 대비 하회 또는 상회하는 원인을 분석함으로써 성과를 관리하게 되는데 부동산펀드 등 대체투자 펀드에 있어서는 적절한 벤치마크가 없으며, 있다 하더라도 객관성, 신뢰성, 비교 가능성, 즉시성 있는 자료가 없기 때문에 리스크 모니터링이나 운용성과측정의 도구로 활용하기 곤란하다.

(8) 운용역의 전문성에 의존하는 경우가 많음

부동산펀드 등 대체투자펀드는 프로젝트의 발굴, 구조화, 펀드운용, 투자금회수 등의 운용전반에 걸쳐 해당 분야에 상당한 전문지식과 많은 경험을 통한 인적네트워크를 형성한 인력이 필수적이고 기존 증권형 펀드 운영조직과는 전혀 다른 인력, 조직, 시스템을 필요로 하게 된다.

3) 부동산 투자 위험

일반적으로 투자위험은 투자안으로부터 얻어지게 될 미래의 현금흐름 또는 수익에 대한 불확실성으로부터 발생하는 자산가치의 변동성으로 정의된다.

부동산의 경우 투자의사결정이나 포트폴리오 구성과 관련된 위험뿐만 아니라, 실물자산인 부동산을 임대차, 유지, 개보수, 개발하는 데 따른 관리위험을 추가로 부담해야 한다. 이는 주식, 채권 등의 기타 금융상품에서 찾아보기 어려운 부동산의 고유한 위험이라 할 수 있다. 부동산 투자에 수반되는 주요 위험은 다음과 같다.

(1) 사업위험(business risk)

❶ 시장위험(market risk) : 시장 상황으로부터 유래되는 위험으로 경제가 위축되면 부동산에 대한 수요는 줄어든다. 부동산에 대한 수요가 줄어들게 되면 공실률(vacancy rate)이 증가되어 임대료가 하락하게 된다. 또한 인구 구조나 기술 수준의

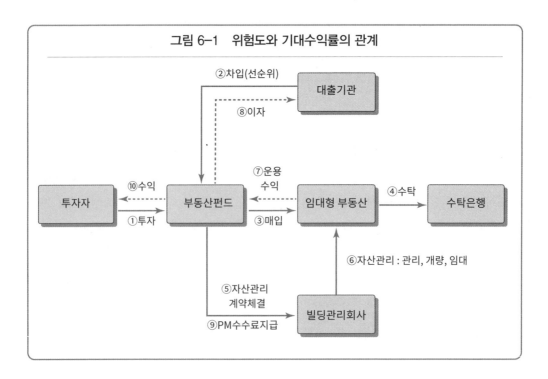

그림 6-1 위험도와 기대수익률의 관계

변화 등은 부동산에 대한 수요와 공급에 영향을 미쳐 임대료를 변화시킬 수 있다. 이 같은 수요와 공급의 변화는 부동산 투자의 수익성에 대한 위험을 증대시키는 중요한 요인이 된다.

❷ 운영위험(operating risk) : 부동산의 관리, 근로자의 파업, 영업경비의 변동 등으로 인해 야기될 수 있는 수익성의 불확실성을 폭넓게 지칭하는 것이다.

(2) 금융위험(financial risk)

부채(타인자본)를 사용하여 투자하게 되면 자기자본에 대한 수익률, 즉 지분수익률이 증가할 수 있다(지렛대 효과). 그러나 부채의 비율이 크면 클수록 지분수익률이 커질 수 있지만 마찬가지로 부담해야 할 위험도 그만큼 커진다. 부채가 많으면 많을수록 원금과 이자에 대한 채무불이행의 가능성이 높아지며, 파산할 위험도 그만큼 더 커지게 되는데 이를 레버리지 위험(leverage risk)이라고도 한다.

(3) 법적 위험(legal risk)

부동산 투자의 의사결정은 정부의 여러 가지 정책, 토지이용규제, 조세제도 등의 법적 환경 아래서 이루어지는 것이므로 이러한 법적 환경의 변화는 부동산 투자에 대한 위험을 야기한다. 부동산은 부동산 공부에 의해 권리가 보존되고 있는데 실제 부동산이 공부와는 다른 경우들이 종종 있으며 이해관계자로부터의 소송 등 법적 분쟁위험을 부담하게 됨을 유의하여야 한다.

(4) 인플레이션 위험(inflation risk)

인플레이션으로 인해 장래 발생한 투자수익(현금 유입액)의 현재가치가 하락할 위험을 말한다. 인플레이션 위험은 금융위험이나 운영위험 등 여러 가지 위험을 파생시킨다. 인플레이션이 발생하면 대출사들은 원금의 실질적인 가치가 하락하는 위험을 안게 된다. 이 같은 위험을 회피하기 위해서 자금을 고정이자율로 대출하지 않고 변동이자율로 대출하는 경우가 많은데, 이 경우 채무자들의 이자 지불과 원금상환 부담이 가중될 수 있다. 투자자들도 인플레이션에 따른 적절한 보상이 있기를 원하므로 투자에 대한 요구수익률도 그만큼 상승하게 된다. 부동산은 통상 자산 가격이나 임대료가 물가상승을 반영하게 되어 인플레이션 헤지자산으로 인식되고 있으나 물가에 연동되지 않는 부동산 대출채권의 경우 이와 같은 위험을 부담하게 된다.

(5) 유동성 위험(liquidity risk)

부동산을 원하는 시기에 현금화하는 것은 쉽지 않고, 급매를 할 경우에는 낮은 가격으로 매각해야 하는 위험을 의미하는 것으로 환금성 위험이라고도 한다. 부동산은 다른 자산에 비해 유동성 위험이 매우 큰 자산이다. 유동성 위험으로 인해 발생하는 가격할인을 유동성 프리미엄(liquidity premium)이라하며 유동성이 낮은 자산일수록 높은 유동성 프리미엄을 부담하게 된다.

section 02 | 부동산 투자 위험의 관리

1 일반론

1) 부동산 투자 위험관리 절차

위험 관리란 위험의 근원을 파악하여 위험 인자를 식별하고 식별된 위험의 발생 시 예상되는 결과를 다양한 분석기법의 활용을 통해 측정, 평가하고, 위험을 감소시키거나 제거하기 위해 전략을 수립, 시행하는 연속적 과정이다.

(1) 위험 식별(Risk Identification)

위험발생의 근원을 인식하고 위험 인자의 유형과 특성을 파악함으로써 특정 상황을 이해하는 단계이다. 시장 및 사업위험, 프로젝트 위험, 거시적 위험 등이 부동산 투자의 주요 위험 인자들이다.

(2) 위험 분류(Risk Classification)

위험 인자를 유형과 특성별로 분류하여 각 인자들 사이의 상호 관련성을 파악하고, 위험 인자에 대한 이해를 높임으로써 특정 위험 상황과 성격에 부합하는 분석기법과 대응 전략을 설정할 수 있으며 통제 가능한 위험과 통제 불가능한 위험으로 분류할 수 있다.

(3) 위험 분석(Risk Analysis)

부동산 투자에 관한 객관적인 자료 및 계량화된 정보와 자료를 이용하여 식별된 위험 인자의 중요도를 파악함으로써 대안설정과 전략수립 가능 여부를 판단하는 작업이다.

부동산 투자 위험 요인을 식별하고 분석된 위험 인자의 처리방안을 고려하는 단계로서, 위험의 부정적인 영향을 가능한 한 완벽하게 제거하고 위험에 대한 통제력을 강화하는 데 목적이 있다. 위험 대응전략은 ① 위험 회피, ② 위험 감소, ③ 위험 보유, ④ 위험 전가로 나누어진다.

2) 위험관리방안

(1) 가격 변동 위험

경기 수준이나 인플레이션으로 인한 부동산 또는 부동산 관련 유가증권의 가격 변동 위험을 관리하는 방법으로는 파생금융상품을 활용하는 방안이 있다. 이 경우 파생금융상품의 근거 자산은 개별성이 강한 부동산을 일일이 대상으로 할 수 없기 때문에 부동산 가격지수를 대용변수로 할 수 있다. 부동산 가격지수로는 수익성 부동산을 대상으로 한 총수익 지수(total return index),[2] 부동산 매매 가격을 대표하는 지수,[3] 임대료 또는 공실률 지수, 부동산 회사주식의 주가지수 등이 대표적이다.

그러나 아직까지 우리나라에서는 이러한 지수들이 개발되지 않았거나 공신력이 떨어지는 상황이어서 적용이 어렵고, 일부 보험상품 등이 개발되어 있으나 이 역시 수수료가 높은 편이어서 현실적으로 가격 변동 위험의 관리는 용이하지 않은 편이다. 따라서 부동산 투자 시 충분한 시장조사를 통한 시장 예측이 다른 국가들보다 더욱 중요하다

2　미국에서는 NAREIT 지수, NCREIF 지수 등이 주로 이용되고 있다.
3　임대료 및 공실률 조사자료를 근거로 지수를 작성할 수 있다.

고 할 수 있다.

(2) 유동성 위험

일반적으로 유동성 위험은 개발사업과 관련하여 부동산을 분양하고자 하는 경우 또는 보유한 부동산 투자의 포트폴리오를 변경하고자 하는 경우에 주로 발생할 수 있다.

유동성 위험을 관리하는 방법으로는 각종 사전옵션계약을 활용하는 방안을 들 수 있다. 즉, 개발사업자가 완성된 부동산의 지분을 확정된 가격에 매각하는 사전 옵션계약을 맺어, 유동성 위험을 줄이는 방법이다. 또한 투자자가 부동산 매매계약을 맺으면서 일정기간이 지난 이후 이를 부동산 매도자에게 되팔 수 있는 권리(put back option)[4]를 활용하는 방안도 유동성 위험을 관리하는 방안이 될 수 있지만 이 경우에는 매매거래가 아닌 담보부 차입거래로 해석될 여지(True Sale Issue)가 있다.

(3) 관리운영과 임대위험

부동산 임대 등 관리운영과 관련된 위험을 관리하는 방안으로는 임차인과의 장기임대계약을 맺는 방법이 있다. 부동산 투자자의 입장에서는 장기적으로 임대수입의 현금흐름이 안정될 수 있기 때문에, 장기적으로 안정된 투자수익을 확보하는 데 유리하다. 또한 부동산 관리위험을 회피하는 방안으로는 전문관리업체와의 장기운영계약을 통하여 아웃소싱(outsourcing)하는 방법이 있다.

보다 포괄적인 방법으로는 리싱 패키지(leasing package)를 활용하는 방안을 들 수 있다. 리싱 패키지란 부동산 소유자와 관리회사가 통제할 수 없는 외부시장여건 변화에 대응하기 위하여 통제가능한 내부여건을 변화시켜서 적극적으로 대응해 나가는 전략이다. 외부여건이란 시장의 공실률, 흡수율, 신규 공급 및 임차 동향, 임대료 동향 등을 말한다. 이런 변화에 대해서 빌딩 내부의 향후 공실 가능성과 임차인들의 수요 변화를 예측하여 임대계약기간을 조정할 수 있다.

(4) 개발위험

부동산을 개발하는 경우에는 인허가 위험, 공사중단, 미완공 위험, 공사비 초과, 준공지연 위험, 완공 프로젝트의 적정성 위험, 기술적 위험 등 개발위험이 새로이 추가

---

4 풋백옵션은 풋옵션을 기업 인수합병(M&A)에 적용한 것으로 본래 매각자에게 되판다는 뜻을 강조하고 파생금융상품에서 일반적으로 사용되는 풋옵션과 구별하기 위해 풋백옵션이라고 부른다.

된다. 개발위험을 회피하기 위해서는 시공자와 건설과정에서의 설계, 자재조달, 인허가 등 각종 절차를 일괄적으로 부담시키고 건설비도 계약 시에 확정하는 '확정 가격에 의한 일괄 도급계약(Fixed Price and Lump-sum Turn-key Contract)'을 활용할 수 있다. 설계, 조달, 건설을 일괄추진한다는 점에서 이런 방식을 EPC(Engineering, Procurement and Construction)라 부른다. 그러나 '확정 가격에 의한 일괄 도급계약'을 하더라도 시공사의 신용위험에 대해 별도로 고려하여야 한다.

(5) 비체계적 위험

수익을 감소시키지 않고 비체계적 위험 등 전체 포트폴리오의 위험을 감소시키기 위해 분산투자를 하게 된다. 이론상으로 비체계적 위험은 부동산시장 내의 모든 물건에 똑같은 영향을 미치지는 않으므로 부동산 물건을 적절히 결합함으로써 비체계적 위험을 최소화할 수 있다.

그러나 부동산 투자는 투자규모가 매우 크기 때문에 분산투자의 어려움이 있다. 이러한 단점 때문에 글로벌 리츠에 투자하는 재간접 부동산펀드가 비체계적 위험을 최소화하는 데 유력한 수단이 될 수도 있다.

2 리스크 조직

1) 개념

부동산 등 대체투자사업은 차주나 피투자 회사의 신용보다는 투자안에서 발생하는 미래의 현금흐름을 합리적으로 정교하게 추정해서 이로부터 유입되는 현금이나 수익으로 투자 목표를 달성한다. 이 때문에 장기간에 걸쳐 투자 및 회수를 하는 데서 오는 본질적인 위험으로 인해 정량적·시스템적인 위험관리가 곤란하고 프로젝트 모니터링 등 사후적·수동적인 위험관리는 유용하지 못하다.

따라서 정성적인 차원에서의 위험관리 및 사전적이고 적극적인 위험관리가 요구되므로 프로젝트 시작 여부의 의사결정이 위험관리 측면에서 중요하다. 사후적으로는 건전한 내부통제구조의 유지 및 운용역에 의해 수행된 업무가 적절하게 이루어졌는지에 관한 독립적이고 객관적인 감시가 필요하다.

2) 위험관리부서

신용평가, 거래한도 설정, 매매시기 및 상품 가격 결정 등 위험관리에 대한 의사결정을 각 운용부서가 하지만 조직 전체의 입장에서 위험관리 정책과 상이할 수 있어 이를 통합 관리하는 전담부서가 필요하며 이러한 역할을 위험관리부서(리스크관리팀)에서 담당하며, 주식, 채권, 파생상품 등과 관련한 위험관리부서에서 부동산펀드의 위험관리를 담당하는 것은 적절하지 않다.

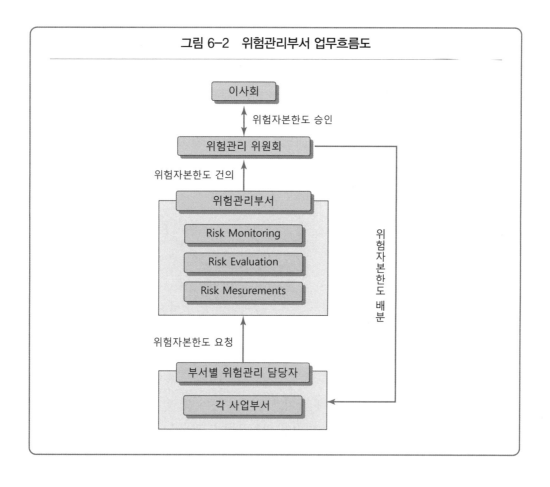

그림 6-2   위험관리부서 업무흐름도

3 | 리스크 분석

1) 사업성과 리스크

부동산펀드나 대체투자펀드에 있어 리스크에 대하여는 그 주요 내용을 투자설명서에 기술함으로써 투자자에게 충분히 고지하는 과정을 거친다. 이를 통해 많은 위험요인을 발견할 수 있다. 하지만 현실적으로 모든 위험요인을 서면으로 기술하는 것은 용이하지 않고 기술된 위험요인이라고 하더라도 그 위험이 발현되는 양태는 다양한 변수에 의해 천차만별하게 나타나게 되어 그 효과를 모두 예측하는 것은 불가능하다고 볼 수 있다.

위험이 발생했다면 상당 부분 금전적인 손실로 연결될 텐데 사업성이 우수한 프로젝트에 대한 펀드라면 이러한 손실을 사업이익으로서 충분히 충당이 가능할 것이다. 또한 사업성이 떨어지는 프로젝트라면 사업시행회사는 프로젝트에 문제가 발생하는 경우 중도에 포기하려 할 것이다. 따라서 사업성 분석은 리스크 관리에 있어서 가장 중요한 부분이고 사업성 저하로 인해 발생하는 리스크는 어떠한 금융구조로도 회피할 수 없음을 명심해야 한다.

2) 사업타당성 분석

사업타당성 분석은 부동산 관련 사업의 각 단계인 매입, 공사, 분양, 임대, 관리, 매각 등에 대해 재무적, 제도적, 법률적, 물리·기술적 타당성과 사업의 실행 가능성을 검토하는 과정이며 리스크 검토는 사업타당성 분석을 하는 과정 중에서 자연스럽게 통제 방법을 찾게 되는 것이다.

구체적인 사업성 분석에 관한 내용은 앞 단원에서 언급되었는바 사업성 분석과 관련된 부분과 재무적 타당성 분석에 대해 간략히 소개하면서 리스크 점검 부분에 대해 설명하겠다.

(1) 시장환경

상권, 수요, 경쟁구조 등의 분석으로 일반 경기나 부동산 경기 및 정책환경 분석, 부동산 소재지의 정치, 경제, 사회, 인구 동향과 부동산 수요, 공급의 분석을 통한 잠재수요 예측 등을 통해 매출 또는 운영수입의 규모 및 실현 가능성을 분석하는 데 SWOT

분석을 활용한다. 또한, 교통 및 접근성과 주변환경 및 학군 등의 입지분석을 실시한다.

시장환경분석은 분양성 검토보고서, 오피스시장 동향보고서 등의 자료를 활용한다. 이를 통해 주변시세, 분양사례, 매매동향, 임대시장동향, 매매사례 등의 정보를 분석한다. 이러한 자료는 분양대행사나 부동산 정보 전문업체, 임대 및 관리대행회사(Property Management, PM) 등에서 자료를 생성한다. 또한 감정평가법인의 감정평가서를 활용하기도 한다.

(2) 법률 · 정책적 타당성

프로젝트 관련 법률과 정책에 대해서는 정책 변경 가능성, 법률상 하자 여부와 인허가 가능성 등을 고려해 사업추진 절차와 방법이 적절한지 판단하고 대출, 매입 등 관련 계약서가 법률상 하자가 없는지 등을 검토하게 된다.

인허가와 관련해서는 건축사사무소, 시공회사, 관할관청 등에 문의를 통해서 확인하고 프로젝트와 관련해서 필요한 계약서 등의 작성은 법무법인을 통해 법률상 하자가 없도록 작성하며 등기이전이나 채권보전 등 권리확보는 법무사를 통해 하자가 없도록 한다.

(3) 물리 · 기술적 타당성

실물 부동산에 있어서는 설계상의 하자, 건물의 노후화 등을 고려해 적절한 자본적 지출을 사업계획에 포함시키기 위해 물리적 타당성 분석이 필요하다.

실물 부동산의 물리적 상태에 대해서는 시설물관리회사(Facility Management, FM) 등으로부터 하자나 장래 필요한 자본적 지출에 대한 정보를 얻게 되며 이를 사업계획에 반영한다.

(4) 실행 가능성

프로젝트의 사업타당성이 상당하다 하더라도 사업시행사의 추진능력과 시기가 적절하지 못하다면 사업계획을 달성하지 못할 가능성이 높아져 프로젝트의 위험을 증대시킨다. 또한 사업시행자의 과거 경력이나 도덕성 등 자질에 문제가 있을 경우 사업추진 과정상에 심각한 장애요인이 될 수 있다.

이런 경우 해당 사업의 주체를 변경 또는 부동산 신탁사의 관리형 토지신탁 방식 등으로 사업구조를 보강하거나 사업 추진시기를 변경하기도 한다.

(5) 재무적 타당성

부동산 등 대안투자사업은 차주나 피투자 회사의 신용보다는 투자안에서 발생하는 미래의 현금흐름을 합리적으로 정교하게 추정해서 이로부터 유입되는 현금이나 수익으로 투자 목표를 달성하게 되는데 일단 투자가 이루어지면 사업기간 중에 자금을 조기회수할 수 없으므로 사업의 수익성, 자금조달 및 상환, 현금흐름 등을 철저히 분석하여야 한다.

대출형 부동산펀드의 경우는 부동산 개발사업의 사업수지, 월 단위 현금흐름추정표(Cash Flow) 작성을 통해 원리금 상환 가능성을 검토하고 실물형 부동산펀드는 임대수익과 비용관리를 통한 운영기간 중 배당수익 확보와 미래 자본이득 달성 가능성 검토를 위해 대차대조표, 손익계산서, 이익잉여금처분계산서, 현금흐름표, 미래 부동산 가치평가서 등을 통해 프로젝트가 재무적으로 타당한지 검토하게 된다.

구분	건설/투자기간	운영/회수기간	비고
사업비	(−)		
분양/운영수입		(+)	
운영비용		(−)	
사업 현금흐름	(−)	(+)	ROI(IRR)
이자/상환		(−)	DSCR
차입금	(+)		이자율
배당금/감자		(−)	
자본금	(+)		ROE
자금 현금흐름	(+)	(−)	ROI(IRR)
사업＝자금 현금흐름	0	0	

표 6-1 자주 사용되는 용어

구분	주요 내용
DSCR	• Debt Service Coverage Ratio(DSCR) : 연간 원리금 상환 능력 • 계산방법 : DSCR＝영업현금흐름/원리금 상환액(통상 1.2~1.3 적정)
IRR	• Internal Rate of Return(IRR) : 투자에 따른 현금유출(Cash Outflow)과 현금유입(Cash Inflow)의 현재가치를 동일하게 하는 할인율 • Return On Investment(ROI) : 프로젝트 자체의 IRR
ROE	• Return On Equity(ROE) : 자기자본 투자의 현재가치와 배당수익 및 잔여재산의 현재가치를 동일하게 하는 할인율

section 03 | 대출형 부동산펀드 리스크

1 개념 및 구조

대출형 부동산펀드는 프로젝트 파이낸싱형(Project Financing)이라고도 하며 이는 아파트나 오피스텔, 오피스빌딩 등을 건설, 매입 등을 하는 데 필요한 자금을 미래의 현금흐름(Cash Flows)을 담보로 시행주체에게 대출한 후 이자를 수취하는 펀드가 주를 이룬다.

일반적으로 부동산 개발 프로젝트는 기존 업체 및 사업 부분들과는 법적, 경제적으로 별개의 법인에 의해 진행됨으로써, 프로젝트로부터 발생하는 현금흐름 및 부채가 기존 업체 및 사업부문들의 대차대조표에 나타나지 않아 이들의 대외적인 신용도에 영향을 주지 않는데 이러한 특징을 부외금융(Off-Balance Sheet Financing)이라고 한다.

이러한 특성을 가진 프로젝트 파이낸싱을 하게 되는 프로젝트는 규모면에서 매우 크고 계획의 단계에서 건설 및 운영의 단계에 이르기까지 방대하며, 자본집약적인 프로젝트가 대부분으로서 투자된 자금을 회수하기까지 상당한 기간이 요구된다.

프로젝트 파이낸싱은 특정 프로젝트에 대한 금융이기 때문에 그 프로젝트를 수행할 별도회사인 특별목적회사(SPC)를 설립하여 이 회사가 독립적으로 차입하는 자본조달구조로 모회사의 도산위험으로부터 프로젝트를 보호하는 방법을 취하고 있다. 부동산 개발사업은 사업주가 직접 차주가 되거나 해당 사업의 차주에 대한 연대보증인으로 참여하는 제한적 소구금융형태가 일반적이다. 따라서 대출실행 금융기관은 사업주(시행자)를 직접 차주로 하고 시공회사의 지급보증 및 사업주 대표이사의 연대보증 등의 방법으로 신용위험을 담보하는 대출구조를 가지고 있다.

부동산 개발사업이 성공하였을 경우에 가장 많은 이익을 얻는 주체는 시행사이고 그다음은 공사진척도에 따라 공사비를 받게 되는 시공사일 것이다. 부동산펀드는 고위험의 부동산 개발사업 대출과 관련해서 얻는 이익은 대출이자가 전부이기 때문에 부동산펀드가 가지게 될 많은 위험을 시행사나 시공사에게 전가를 하게 된다.

경우에 따라서는 시공사의 채무인수가 아닌 일정 수준의 책임분양, 책임준공 수준의 안전장치를 가져가게 되는데 초기 분양률이 극히 저조한 경우에는 분양경비, 금융비용 등이 사업계획보다 많이 발생하게 되어 일정 수준의 책임분양만으로는 원리금 회수에

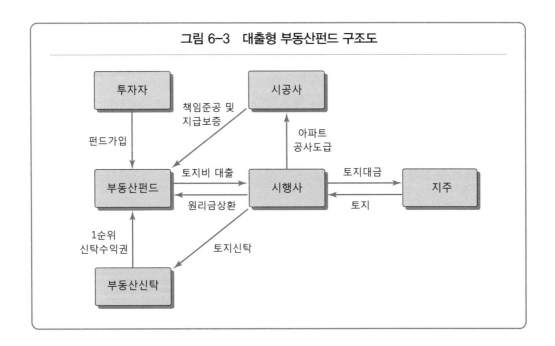

그림 6-3 대출형 부동산펀드 구조도

문제가 발생하게 된다.

대출형 부동산펀드 리스크

1) 사업 인·허가 위험

부동산 개발사업은 용도에 따라 주거용 개발, 상업용 개발, 산업용 개발, 복합개발 등 다양하고, 주거용 개발 내에서도 개발유형에 따라 재건축사업, 재개발사업, 도시개발사업 등 다양한 유형이 존재한다. 또한 그에 따른 각종 인허가 사항이 상이하다.

개별 프로젝트의 유형에 따라 건축허가를 받거나 사업계획승인을 받기도 하고 인허가 단계에 따라 조합설립, 실시계획인가, 환지계획인가, 사업계획승인, 관리처분계획인가 등의 과정을 거치게 되는데 이러한 인허가 과정에서 사업계획상의 사업규모 및 매출액 등이 변경될 수 있으며, 원리금 상환재원에 영향을 미칠 수 있는 위험요소를 가지고 있다. 인허가와 관련하여서는 주변 이해관계자의 민원이 다양하게 발생하게 되며 교통영향평가, 환경영향평가, 경관심사 등의 과정에서 일정이 지연되고 사업비가 증가하는 경향이 있어 유의해야 한다.

2) 사업부지 관련

부동산 개발유형에 따라 약간의 차이는 있으나, 일반적으로 사업부지 매입 시 소유권 이전에 따른 위험이 존재한다. 사업부지 매입 시 근저당권, 압류, 가등기 등 각종 법률적 하자를 해소하는 데 리스크가 따르며, 임차인 명도 및 이주와 관련하여 상당한 기간이 소요될 수 있는 위험요소를 가지고 있다. 특히 관련 법령상 토지 등의 수용조건을 구비하였더라도 집행이 용이하지 않으며 토지 소유주 등과 개별 협상을 통해 해결해야 하는 경우가 많다.

3) 부도 위험

시행사 또는 시공사의 부도가 발생하는 경우 이로 인한 시행사, 시공사 교체 등으로 인하여 사업지연과 원리금 상환 지연 또는 미상환 위험이 있다. 시행권, 시공권 포기각서 등을 징구해 시행사, 시공사 교체를 용이하게 관련 계약서 체결을 하고 있으나 실제 사건 발생 시에는 상당한 시간과 비용이 소요된다.

4) 분양 위험

시장 상황에 따라 분양 지연 및 분양률 저조 등으로 인해 원리금 상환 지연 및 미상환 위험이 존재한다.

5) 계약불이행 위험

사업 및 대출약정서, 도급계약서 등 사업과 관련한 제반 계약서를 작성하였음에도 불구하고 시공사의 채무인수 의무 불이행 등 계약 당사자의 계약불이행으로 인하여 사업이 지연되거나 중단될 위험이 있다.

6) 투자원금 손실 위험

부동산펀드 특성상 투자원리금 전액이 보장 또는 보호되지 않는 위험이 있다. 투자원금의 전부 또는 일부에 대한 손실의 위험이 존재하며 이 투자금액의 손실 또는 감소의 위험은 투자자가 부담하게 된다.

7) 공모펀드 위험

(1) 높은 금융비용

부동산 개발사업은 사업이 경과함에 따라 자금투입이 이루어지게 되는데 이를 공모 형태로 자금을 조달할 경우 당장 필요하지 않은 자금 부분까지 자금조달을 해놓고 은행계정대나 콜론 형태의 저수익자산에 자금을 운용하게 되어 수익률이 하락할 수 있다. 또한 사업주에게 사용하지도 않은 자금에 대해 이자부담을 시킬 경우 사업주 입장에서는 사업이익의 대부분이 금융비용으로 지출되어 최선을 다해 사업을 끌고 갈 동인이 없어져 위험이 높아지는바 대출형 부동산펀드를 공모형태로 모집하는 것은 위험이 따른다.

(2) 융통성 결여

부동산 개발사업은 사업에 필요한 자금 중 일부만을 조달 후 분양수입금으로 잔여사업비를 충당하게 되므로 초기 분양률이 낮아 사업진행에 어려움이 있을 경우 은행, 보험사 등과 같은 금융기관들은 통상 이자유예, 추가 대출, 이자율 인하, 공사비 추가 투입 등 사업이 원활히 진행될 수 있도록 다양한 지원을 하고 있다. 그러나 부동산펀드에 있어서는 펀드 내에 재원이 한정되어 있고, 사업시행회사에 대한 금융지원을 통해 향후 사업을 원만히 진행함으로써 대출원리금 회수 가능성을 높일 수 있음에도 불구하고 대출조건만 놓고 판단했을 때 펀드에게 불리한 조건변경으로 자산운용회사가 선관의무를 다하지 못했다고 오해할 소지가 있다. 대출조건변경은 자산운용의 일환이므로 운용역이 의사결정을 하겠지만 사안이 중대하므로 대부분 투자자들의 의사를 묻게 되는데 소수의 투자자들로 구성된 사모펀드는 조건변경 사항에 대해 수익자들과 협의가 가능하나 공모펀드는 의견 도출이 쉽지 않은 게 현실이다.

임대형 부동산펀드 리스크

1 개념 및 구조

임대형 부동산펀드는 대형 오피스빌딩 등을 매입한 후 임대하여 운영기간 중 임대수 입으로, 정기적으로 투자자들에게 분배금을 지급하고 부동산 가치가 증대했을 때 매각 을 통해 부동산 매각차익을 추가적으로 지급하는 형태의 펀드이다. 개인투자가들에게는 적은 자금으로 안정적이고 수익성이 양호한 대형 부동산의 수익을 향유할 수 있는 기회 를 제공하고, 대형 기관투자가 입장에서는 소수의 인력이 단일 부동산 물건에 거액의 자 금을 투입하는 의사결정 과정상에서 발생할 수 있는 위험과 환금성이 떨어지는 위험을 다수의 전문가들과 기관투자가들이 함께 프로젝트 위험을 점검함으로써 의사결정상 실 수를 줄이고 지분형태의 투자로 일정 수준의 유동성 확보가 가능하다는 장점이 있다.

임대형 부동산펀드는 빌딩, 물류창고, 상가 등을 매입하여 임대수익과 부동산 매각차 익을 얻고자 하는 목적으로 설립된 펀드로서 투자구조는 〈그림 6-4〉와 같다.

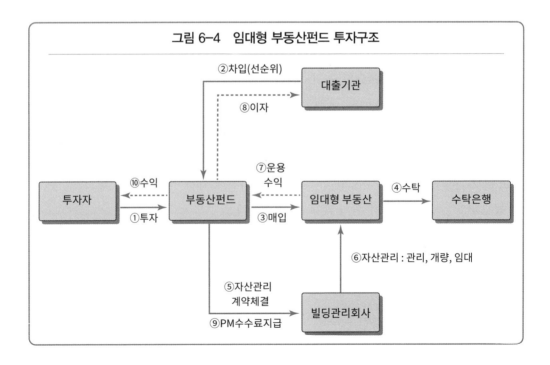

그림 6-4 임대형 부동산펀드 투자구조

2 리스크 유형

1) 매입 단계

(1) 매입 가격의 적정성

임대형 부동산펀드의 경우 실물 부동산을 매입 후 임대 및 매각을 통해 수익을 얻는 형태로 부동산 매입에 있어 적정 가격을 산정하는 것이 중요하다. 매입 가격은 유사 거래 사례, 감정평가금액, 임대수익, 예상수익률 등을 종합적으로 고려해서 결정하게 된다.

(2) 법률적 위험

매입 부동산의 권리관계 및 이해관계자(채권자 등 제3자)의 이의 제기 등 법률적 하자로 인하여 소유권의 이전 및 권리 행사에 제약을 받을 수 있는 위험이 있다. 법무법인을 통해 해당 부동산에 발생 가능한 법률적 하자를 검토한 내용을 바탕으로 치유 가능한 하자를 해소하거나 치유가 용이하지 않은 경우 매매금액 감액 등의 협상을 거쳐 매매계약서를 작성하게 된다. 매매계약서에 따라 취득 시점에서의 대상 부동산에 설정된 담보물권 중 펀드가 승계하기로 상호 합의된 근저당권 및 임차권을 제외한 기타 가압류, 가처분 등 부동산에 대한 모든 부담이 소유권 이전등기 이전에 말소된 상태로 매입한다.

(3) 물리적 위험

매입 부동산의 물리적, 기술적 위험 최소화를 위해 안전진단 및 시설물 관리 전문 업체를 통해 물건 실사를 하고 향후 매입 부동산의 가치를 정상 유지시키기 위한 투자규모(CAPEX)를 파악하여 사업계획에 반영하게 된다.

(4) 재무 타당성

실물형 부동산펀드는 임대수익과 비용 관리를 통한 운영기간 중 배당수익 확보와 미래 자본이득 달성 가능성 검토를 위해 대차대조표, 손익계산서, 이익잉여금처분계산서, 자본변동표, 현금흐름표, 미래 부동산 가치평가서 등의 재무타당성 검토를 통해 예상세금과 공과금, 프로젝트의 예상수익률, 적절한 타인자본비용(차입금 금리)의 수준, 수익자에게 제시 가능한 목표수익률을 파악하고 다양한 위험요인의 변동에 따른 수익률의 변동성을 민감도 분석이나 시나리오 분석 등의 방법으로 분석하게 된다.

목표수익률은 임대료, 임대보증금, 관리비수입, 공실률, 임차인의 신용도, 임차인변경주기, 임대마케팅 비용, 자본적 지출액 및 투자대상 부동산과 관련한 일상적인 비용, 각종 운용보수, 부동산시장의 수급상황, 경쟁, 환경, 기타 관련 법상의 법적 요인·비용, 타인자본 사용에 따른 이자비용 등에 대한 가정을 근거로 산정하게 된다.

2) 건설 중인 부동산 매입 위험

부동산 개발시행회사가 신축하는 오피스빌딩 등을 선매입하는 형태의 부동산펀드의 경우 매수인인 펀드나 투자자 입장에서는 매도인 우위의 실물 부동산시장에서 좋은 위치의 첨단 오피스빌딩을 확보할 수 있다는 장점이 있고, 매도자인 개발시행회사 입장에서는 개발 초기단계에서 펀드에 선분양함으로써 분양위험을 제거하고 개발사업의 이익을 조기에 확정시켜 다른 개발사업에 투자할 수 있으며 높은 금리의 PF대출로 개발자금을 조달하는 대신 선분양 시 계약금, 중도금 등으로 사업기간 중 자금수요를 충당할 수 있다는 장점이 있어 활발히 설정되고 있다.

(1) 개발사업 위험

건설 중인 부동산을 선매입하는 형태의 부동산펀드는 개발사업에서 발생할 수 있는 많은 위험에서 자유롭지 못하다. 펀드가 선매입계약을 체결하였다 하더라도 토지 매입과정이나 사업 인허가, 기타 개발사업 위험에서 발생한 위험으로 인해 개발시행회사에 문제가 발생할 경우 펀드 역시 간접적으로 영향을 받게 된다.

전체 사업부지를 완전히 확보했는지와 지구단위계획결정 및 고시, 건축법상 인허가, 수도권정비계획법에 의한 과밀분담금, 하수도법에 의한 하수도원인자부담금 등 사업 관련한 각종 인허가를 취득하였는지 설계사무소나 컨설팅법인을 통해 검토해야 하고 미비한 점이 있을 경우 우량 시공사에 책임을 전가하는 형태로 위험을 회피해야 한다.

통상 건설 중인 부동산을 선매입하는 경우에는 가급적 우량 시공사의 책임준공 확약을 받을 필요가 있는데 어렵다면 최소한 인허가가 완료되어 착공이 시작된 상태에서 매입해야 개발사업 초기단계의 위험을 회피할 수 있고, 전문 건설관리회사(Construction Management)를 통해 신축건물의 질적 수준이 떨어지지 않도록 감독해야 한다.

(2) 부동산 권리 확보 위험

투자대상이 건축 중인 건축물이므로 공사기간 중에는 사업대상 토지에 대해 계약금 및 중도금 등에 120~130% 정도를 채권최고액으로 하는 담보신탁을 설정하여 우선수익권을 확보하고 준공 시점에는 기타 담보 및 근저당 말소를 확인한 후 소유권을 등기하면서 잔금을 지급하는 방법 등으로 위험을 회피하는데 가급적 잔금비율을 높여 건축기간 중 발생하는 위험에 노출되는 금액을 최소화해야 한다.

개발사업시행회사의 기존 PF차입금에 대한 대출약정서상 채무불이행 사유로 인해 사업시행권이 시공사로 이전될 경우 매도인인 개발사업시행회사와 펀드가 체결한 매매계약의 이전과 관련된 위험이 존재할 수 있으므로 대출약정서 등 관련 서류를 검토해 위험이 없도록 변경해야 한다.

(3) 기타 공사 관련 위험

투자대상 부동산을 건설함에 있어 시공사의 귀책사유 또는 해당 부동산의 매도자인 개발시행회사의 책임으로 준공 예정일을 맞추지 못해 사업이 지연되는 경우 목표수익률이 하락하게 되므로 공사도급계약에 시공사의 귀책사유에 따른 준공 지연 또는 공사 중단이 발생하는 경우 시공사의 지연손해배상금 의무 조항을 삽입하고 개발시행회사와의 매매계약에도 개발시행회사나 시공사의 책임으로 손해가 발생하는 경우 이를 배상하도록 하는 조항을 넣어야 한다.

3) 운용 단계

(1) 임차인 위험

실물 부동산은 부동산 보유기간 동안 임차인과의 임대차 계약을 통한 임대료 수입을 주요한 수입원으로 하고 있다. 임차인이 자금경색, 파산 등의 이유로 임대료 및 관리비를 제때 지급하지 못하거나 지급불능 상태에 빠지게 되면 배당수익이 하락할 위험이 있기 때문에 펀드의 배당가능 현금흐름 및 배당 여부는 임차인이 계약을 이행하지 못하는 경우에는 영향을 받을 수 있다.

임차인이 파산법의 보호를 구하는 경우 임대료의 지급이 지연 또는 거절되거나 임대차계약이 종료될 수 있기 때문에 임대형 부동산펀드는 임차인들의 사업 위험에 간접적으로 노출된다. 따라서 임차인들의 구성(Tenant Mix)과 주요 임차인에 대한 재무상태와 평판을 확인해야 한다.

(2) 공실 위험

임대 부동산은 임대차계약기간의 만료, 갱신거절, 현재의 임대료보다 낮은 계약의 가능성, 임대차 활동을 위한 비용의 지출 위험 등에 노출되어 사업계획상 임대수입을 달성하지 못할 위험이 있다.

임차인들의 평균 임대료 및 잔존임대기간과 주변 임대료 시세 등을 비교 검토하여 사업계획상 목표 임대료 수준이 달성 가능한 수준인지 검토하고 주요 임차인의 임대계약은 가급적 장기로 체결해 임차인 변동에 따른 공실률 증가와 임대수입 변동 가능성을 최소화해야 한다.

(3) 관리비 증가 위험

재무실사를 통해 운용상의 각종 제비용을 사업계획에 반영하나 수도광열비, 냉난방비 및 제세공과금 등의 관리비용이 사업계획 비용보다 높은 수준으로 변동할 위험이 있다.

건물관리비 증가 위험을 사전에 사업계획에 반영해서 목표수익률을 산정하기 위해 부동산을 매입하기 전에 회계법인이나 시설관리 전문업체를 통해 직전 2~3년간 월별 관리비를 분석하고 장래 물가상승률을 반영하여 미래 관리비를 사업계획에 반영한다.

(4) 타인자본(Leverage) 위험

실물형 부동산펀드는 보유 부동산을 담보로 차입을 통해 수익률을 높이는 방법을 사용하게 되는데 차입금의 만기와 사업기간이 다를 경우 신규 차입금에 대한 조건 및 이자율이 투자 시점 사업계획상 차입금의 조건 및 이자율과 상이할 수 있으므로 부동산 매입 시 부동산 담보대출을 목표사업기간에 맞춰서 조달해야 한다.

대규모 공실의 발생으로 임대수익이 사업계획 대비 현저히 미달해서 이자비용을 충당할 수 없을 경우, 대출 금융기관이 채권회수를 위해 부동산을 공매나 경매로 처분하게 될 위험이 있고, 타인자본(Leverage) 효과로 인해 임대수입이 감소할 때 차입금이 있으면 펀드의 수익률은 임대수입 감소 비율보다 더 크게 감소하게 되는 위험이 있다.

임대보증금은 이자비용이 발생하는 차입금은 아니나 미래에 상환해야 하는 부채로서, 규모가 클 경우 임차인이 임대차계약 갱신을 거부할 때 임대보증금 반환에 따른 유동성 위험이 있을 수 있다. 때문에 운영기간 중 임차인의 계약갱신가능성에 대해 주의를 해야 하고 금융기관으로부터 단기차입이 가능하도록 준비해야 한다.

(5) 재해 등 물리적 위험

실물 부동산의 운영 시 화재, 폭발, 도난, 파손 등의 위험과 풍수해, 지진 등의 자연재해 위험, 건물에 부착되어 있는 기계장치의 재질, 설계, 건설, 조립상의 결함, 기술부족 또는 종업원의 부주의 등의 원인으로 기계장치의 파손사고 위험, 제3자의 물적·인적 손해에 대한 법률상 배상책임 위험 등에 대비해 필요한 보험에 가입해야 한다.

물류창고 등 소방설비가 미흡한 실물 부동산의 경우 화재발생 시 창고에 보관된 인화성 물건 등으로 인해 전소하는 경우도 있는데 보험만으로는 손해를 충당할 수가 없으므로 투자에 유의해야 한다.

(6) 제도 변화 관련 위험

부동산 관련 규제는 매우 다양하고 지속적으로 개정되기 때문에 이로 인한 자산가치의 하락 위험이 있고, 부동산 관련 세법의 개정에 의해 당해 펀드가 목표수익률을 달성하지 못할 위험이 있다.

4) 청산 단계

(1) 사업계획미달 위험

실물형 부동산펀드의 경우 만기시점에 보유 부동산 매각을 통해 투자자금을 회수할 수도 있는데 펀드의 사업계획은 통상 펀드 청산 시점에 어떠한 회수 가능성을 보증하지 않는 시장 매각을 통하여 청산하는 것을 가정하므로 시장 상황의 악화 등으로 인하여 적절한 매수자를 찾지 못하거나 현저히 낮은 가격으로 매각될 가능성이 존재한다. 따라서 펀드 운영기간 중 목표수익률을 지속적으로 달성하였다 하더라도 만기 시점에 사업계획상의 매각금액 달성에 실패할 경우 목표수익률을 달성하지 못할 수 있다.

(2) 매각 위험

부동산의 매각은 사업계획상 목표로 했던 매도금액에 매각하는 것뿐만 아니라 매수자가 매매금액을 납부할 능력이 있는지를 판단하거나 납부할 수 있도록 협조하고 매각업무 처리에 있어서 법률적 하자가 없도록 주의를 해야 한다.

부동산 매각을 공개경쟁으로 할지, 소수만 입찰에 참여시킬지 또는 수의계약으로 처리할지 등은 부동산 물건이나 시장 환경에 따라 적절한 선택이 다를 수 있지만 최대 수익을 올릴 수 있는 매각 절차를 선정해 운영과정상 오해의 소지가 없도록 해야 할 것이다.

부동산 매입 시 물리적, 법률적, 재무적 타당성 실사를 하듯이 매수인도 이러한 업무를 할 수 있도록 최대한 협조를 해야 하고 향후 발생할지 모르는 법률상 분쟁의 소지가 없도록 법무법인의 자문을 받아야 한다.

(3) 추가 비용발생 위험

사용기간 중 부동산 보유로 인해 재산세, 도시계획세, 공동시설세 등과 같은 지방세와 부가가치세 등과 같은 국세를 납부하게 되는데 부동산을 매각한 후에도 수개월간은 제세공과금 등 펀드에서 추가적으로 부담해야 할 비용부분이 있을 수 있다.

부동산펀드의 만기가 1년 정도 남게 되면 회계법인을 통해 부동산 매각이나 청산과 정상 발생할 수 있는 비용을 세부적으로 파악해서 목표수익률 달성에 지장이 없도록 적극적 대응이 필요하고 부동산 매각 후 약 3개월 정도 펀드를 유지해서 예상치 못한 비용을 펀드에서 부담할 수 있도록 해야 한다.

경·공매형 부동산펀드 리스크

1 개념 및 구조

경·공매를 통해서 부동산을 구입하면 일반적으로 시장 가격보다 저렴하게 구입할 수 있으나 개인이 직접 경·공매 절차에 참여하여 부동산을 구입하는 경우는 법적, 시간적 어려움으로 부동산 취득에 위험성을 가지고 있다. 경·공매형 부동산펀드는 이러한 투자 위험으로부터 개인을 보호하고 부동산 컨설팅회사, 자산운용사에 의하여 사전 위험요소를 최소화한 물건을 매입하게 된다.

경·공매 부동산은 일반적으로 그 가격이 시장 가격에 비하여 평가절하되어 있는 경우가 많아 비교적 투자가치가 높다고 할 수 있으나 경매 부동산들은 통상 규모가 작고 권리관계가 복잡해 세입자들의 민원 발생 시 금융기관인 자산운용사가 대응하기 쉽지

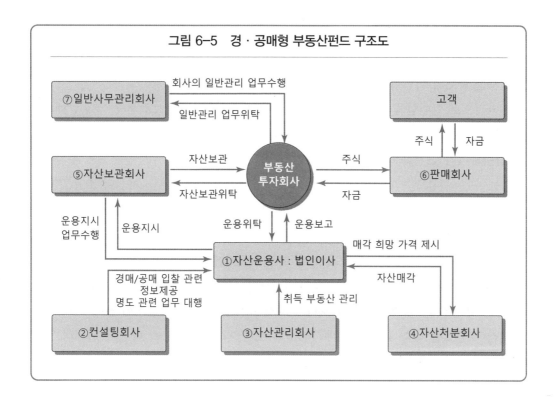

그림 6-5 경·공매형 부동산펀드 구조도

않고, 다수의 부동산을 일정기간 내에 편입하거나 매각하는 것이 현실적으로 어려워 안정적인 수익을 얻기 힘들다.

경·공매형 부동산펀드의 성공 여부는 포트폴리오를 어떻게 구성하느냐에 달려 있다. 실제 실물펀드 및 부동산펀드에 투자하는 개인투자자들의 경우 이 펀드가 구체적으로 어떤 대상에서 어떻게 투자하여 수익률을 내는지 정확히 알지 못한 상태에서 목표 수익률이 높다는 것만 믿고 투자하는 경우가 많다. 경·공매형 부동산펀드의 경우 가장 큰 변수는 우량물건의 확보에 있다. 경·공매형 부동산펀드의 경우 기본적으로 우량 물건을 경락받아야 하기 때문에 경쟁이 치열한 경우를 감안해야 한다. 또한 향후 운영관리 및 목표 수익률 달성을 위해 일정 규모 이상의 물건을 확보해야 하기 때문에 타 펀드보다 제한요소가 많다.

2 리스크 유형

1) 매입 단계의 리스크

(1) 투자자산 확보의 위험

경·공매형 부동산펀드의 가장 큰 리스크 요인 중 하나로 경매시장의 경쟁으로 인한 투자자산 확보의 위험이 있다.

일반적으로 일반인들의 참여가 용이한 아파트나 토지를 대상으로 하는 경·공매시장에 있어서는 시장이 과열될 경우 낙찰가율이 증가하게 되므로 경·공매형 부동산펀드가 참여하기가 곤란한 측면이 있다. 따라서 이러한 경·공매형 부동산펀드는 투자자가 원하는 수준의 펀드수익률을 달성하기 어려울 수 있다. 게다가 투자자산이 소규모 다수일 경우 관리의 어려움으로 펀드 수익률에도 악영향을 미치게 된다.

이에 반해 상업용 또는 업무용 부동산의 경우에는 권리분석이나 명도과정이 복잡하고 경·공매 참여에 필요한 자금도 크기 때문에 일반인들의 참여가 용이하지 않다. 이로 인해 낙찰가율도 상대적으로 낮게 유지되므로 상업용 또는 업무용 부동산을 대상으로 하는 경·공매형 부동산펀드가 보다 양호한 수익을 실현할 가능성이 높은 편이다.

그러나 양호한 대형 물건이 경매시장에 나오는 경우가 드물고, 나온다 하더라도 경매시장에서의 치열한 경쟁으로 인해 경·공매형 펀드가 원하는 일정 규모 이상의 투자자산 확보가 현실적으로 쉽지 않은 상황이다.

(2) 법률 위험

부동산 경·공매는 입찰 시 파악하기 어려운 유치권, 선순위 소액 임차인 등과 같은 권리상의 하자로 인하여 예상치 못한 추가 비용이 발생할 수 있고 투자자산의 사용, 수익에 있어 제한이 따르기 때문에 일반적인 부동산 거래절차보다 복잡한 구조를 가지고 있다. 또한 입찰에 따른 법적 책임도 낙찰자에 귀속되어 사전에 법률적인 검토가 선행되어야 하는데 실사비용을 투입하고도 낙찰을 받지 못하는 경우 비용이 과다하게 발생할 수 있는 위험이 있다.

(3) 자산평가 위험

경·공매형 부동산펀드는 투자자산의 가치평가를 함에 있어 전문인력에 의한 투자자산의 시장성, 수익성, 환금성 등의 종합적인 판단이 뒷받침되어야 한다. 부동산펀드의 수익률은 투자자산을 보유함으로써 발생하는 임대수익과 매각 시 발생하는 시세차익을 근거로 결정된다.

그러나 초기 자산가치를 지나치게 높게 판단함으로써 입찰 가격을 높게 설정하면 임대수익 하락과 재매각 시 가격 하락에 따른 수익률 저하를 감당하기 어려워진다. 따라서 초기 입찰 시 낮은 가격으로 부동산을 취득하는 데 최선을 다해야 한다.

(4) 비용증가 위험

부동산 경매를 통해 물건을 취득할 때 발생하는 비용인 취득세, 컨설팅 수수료 및 법무비용, 명도비용 등은 일반적으로 낙찰금액의 7~8% 정도가 소요된다. 그리고 경·공매형 부동산펀드의 경우 펀드보수가 연 3% 수준으로 특히 판매보수가 상당히 높은 고비용 구조이다. 또한 낙찰 후 명도, 리모델링, 재임대 등에 상당기간이 소요되어 비용이 추가로 발생하여 수익이 감소할 위험이 있다.

2) 매각 단계의 위험

부동산 경기가 악화될 경우 수익률의 저하는 당연한 결과일 수도 있다. 그러나 부동산 경기가 호황일 경우에도 부동산이 가지고 있는 개별적 특성으로 인해 시장에서의 위험은 항상 존재한다. 예를 들어 투자자산 매각 시 인근지역에 신규 물건이 초과 공급되어 매각 가격의 하락과 매각기간이 길어짐으로써 펀드 청산의 어려움이 있을 수도 있다.

3 리스크 관리방안

(1) 투자자산 평가 위험

경·공매형 부동산펀드의 경우 펀드 조성 시 투자자산이 정해져 있지 않으며, 경·공매 물건의 입찰 기일 및 물건의 한정으로 인하여 개별 부동산의 가치평가가 신중하게 이루어지지 못할 수 있다. 따라서 경·공매형 부동산펀드 상품 판매 시 투자자산 후보군이 결정되어 있는지, 투자대상 개별 부동산 후보군의 자산가치, 임대현황, 시장 현황, 물리적 하자, 법률적 하자 등에 대해 사전 조사 및 평가시스템을 체계적으로 갖추고 있는지 살펴볼 필요가 있다. 이런 부분들을 사전 검토함으로써 펀드 조성 후 부동산 매입에 실패하여 운용사가 조기상환을 하는 위험을 방지하고 펀드 수익률에 대한 안정성을 도모할 수 있다.

(2) 법률 위험

부동산 경매물건은 한국자산관리공사가 일부 공매물건에 대해 명도책임을 지는 것과는 달리 명도책임이 모두 낙찰자에 있으므로 명도에 대해 민사집행법상의 인도명령 및 명도소송의 법률적 검토를 해야 하며, 이 경우 추가적으로 발생할 수 있는 명도지연 및 추가 비용에 대한 대비책이 있는지 검토해야 한다. 또한 불완전한 권리의 취득이나 경락자가 인수해야 하는 권리 등 다양한 법률적 위험이 존재할 수 있으므로 전문 컨설팅 회사나 법률가와 유기적인 업무공조시스템이 마련되어 있는지 살펴보아야 한다.

(3) 자산처분 위험

투자자산의 처분 지연으로 펀드 청산이 지연되어 환매대금 지급이 어려운 경우가 발생할 수 있다. 이러한 위험을 사전에 관리하기 위해 펀드 청산 시점으로부터 충분한 시간을 두고 투자 부동산의 처분 작업을 실시하여야 하며, 전속중개계약 및 부동산 매매 컨설팅 계약 체결로 중개전문회사와 매도시기를 조정하여야 한다.

통상 경·공매형 부동산펀드의 경우 초기 투자자산 매입 시 시장 가격 대비 낮은 가격으로 매입했기 때문에 다른 부동산펀드에 비해 상대적으로 매각작업이 원활히 진행될 수도 있다. 그러나 다른 펀드의 편입 부동산에 비해 상대적으로 선호도나 유동성이 떨어질 수 있으므로 매각 시스템이나 계획을 사전에 점검하는 것은 매우 중요하다.

(4) 펀드 규모의 적정성

경·공매형 부동산펀드의 규모가 너무 크면 경매 및 공매 부동산이 펀드에 적정 수준으로 편입될 때까지 미운용자금(Idle Money)의 비중이 높아 펀드의 수익률이 상당기간 낮게 유지될 가능성이 높은 반면, 펀드 규모가 너무 작으면 1~2개의 경매 및 공매 부동산에 집중 투자됨에 따라 리스크가 증가될 경우가 있으므로 시장 상황을 고려해 펀드 모집액의 적정성을 검토해야 한다.

(5) 펀드 운용사의 체계적 관리

경·공매형 부동산펀드는 사전에 투자자산이 정해져 있지 않은 상태에서 운용되는 (Blind) 방식으로 펀드 운용의 최적화 및 투명성을 기할 수 있는 체계적인 운용프로세스 및 운용 매뉴얼이 필요하게 된다. 따라서 해당 펀드 운용사가 이와 같은 운용프로세스 및 운용 매뉴얼을 포함한 경·공매형 부동산펀드를 효율적으로 운용할 수 있는 체계를 구축하고 있는지 사전에 점검해야 한다.

section 06 | 해외 부동산펀드 리스크

1 | 개념 및 유형

해외 부동산펀드란 해외부동산에 직접투자 또는 개발사업에 대출하는 펀드와 해외 수익형 부동산 관련 기업의 주식이나 리츠에 투자하는 펀드를 말한다.

(1) 해외 펀드

한국의 자산운용사가 국내에서 펀드를 만들어 해외에 투자하는 상품이다.

(2) 역외펀드

해외 자산운용사가 외국에서 펀드를 만들어 국내에 판매하는 상품이다. 대부분의 역외펀드는 세계적으로 검증된 유명한 해외 운용사가 운용하는 만큼 신뢰도가 다른 펀드보다 높으며, 전문적인 고급 인력과 고급 기업정보를 폭넓게 보유하고 있는 경우가 많다. 반면 펀드 가입 시 선취수수료로 대략 1.5%를, 그리고 매년 운용보수로 약 1.5% 정도 수취함으로써 국내 투자자 입장에서 장기투자 시 국내 펀드보다 수익률이 낮아질 수 있는 위험이 있다. 또한 환율 변동에 따른 환차익 및 환차손이 발생할 수 있으며, 투자원금을 제외한 이익금의 약 15.4%가 과세 된다.

(3) 해외 재간접 펀드(Fund Of Funds)

국내에서 발매되고 있는 해외 부동산펀드의 대표적인 유형으로서 성장 잠재력이 우수한 국가들의 리츠(REITs) 및 부동산 투자회사를 주 투자대상으로 하는 상품이다. 일반적으로 국내 운용사의 펀드가 해외 운용사의 펀드에 투자하는 개념이다.

146   part 2   부동산펀드 영업

(1) 해당국의 정치, 경제, 법률적 차이

해외 부동산펀드는 현지의 정치, 경제, 시장 상황, 부동산 제도, 지표 등을 투자자가 파악하고 이해하는 데 한계가 있어 펀드에 대한 안정성, 수익성을 정확히 판단하기 어렵다.

(2) 현지인 위험

해외 부동산펀드의 경우 해외 현지에 사업이 진행되어 사업장을 실질적으로 관리 통제하는 것이 어려워 많은 사항을 현지에 위임하게 되는데 이로 인해 현지 사업시행사의 자금 유용, 업무지시 거부 등 예기치 못한 사항이 발생할 수 있다.

(3) 제도 및 실사비용 위험

현지 문화, 법률, 조세, 관청업무 등이 국내와는 많이 다르고 국내에서 현지의 각종 제도 변화를 예측하기는 매우 어렵기 때문에 사업타당성 검토 시 국내뿐만 아니라 현지 법무법인, 회계법인 등을 고용하여 문제점을 조기에 발견해야 하고 현지 실사 등 비용 또한 많이 투입하게 된다.

(4) 조세 위험

부동산 투자의 경우는 동서양을 막론하고 자본이득에 과세를 하는 경우가 대부분이기 때문에 펀드 수익률 저하를 방지하기 위해 조세회피지역에 서류상의 회사(SPC)를 세워 우회적으로 투자하는 경우가 있다. 투자대상 국가와 조세회피지역 국가 간의 이중과세 회피를 위한 조세조약을 이용해서 부동산의 운영수익이나 매각이익에 대한 과세가 최소화되도록 구조화하여 투자를 하는 기법이다. 그러나 이러한 투자기법들에 대해 실질과세의 원칙 등을 적용하여 조세회피지역의 SPC의 거주자성이 부인되고, SPC는 단순한 도관(path-through)으로 간주되고, 최종 투자자가 거주하는 국가와 투자대상 국가 간의 조세조약을 직접 적용하여 과소 납부된 세금 등에 대한 추징 등이 이루어질 가능성이 있으며, G20국가를 중심으로 점점 국가 간 조세회피 방지에 대한 노력이 강화되고 있음을 유의해야 한다.

(5) 환매 유동성 위험

해외 펀드의 환매 시 투자자에게 현금 유입이 이루어지는 시점은 일반적으로 환매를 신청하고 6~8영업일 이후에나 가능하며, 부동산펀드의 경우 이보다 더 시간이 오래 걸릴 수 있다.

국내에 판매되고 있는 해외 부동산펀드들은 대부분 해외 주식시장에 상장된 REITs에 투자하는 재간접 펀드 형태로 리츠의 거래량이 급격히 줄어들 때 환금성에 문제가 있을 수 있다. 즉 국내 투자자들이 해외 부동산펀드를 환매하면 이 펀드에서 투자하고 있는 해외 부동산펀드 또는 REITs 주식을 매각해야 하는데 증권시장에서 거래량이 부족하여 제때 환매할 수 없는 경우도 있을 수 있다.

(6) 환율 위험

해외 펀드의 경우 투자대상국 통화로는 수익이 발생한다 하더라도 원화로 환산 시 수익률은 떨어질 수 있다.

해외 부동산펀드의 경우 일반적으로 전 세계에 걸쳐 있는 글로벌 펀드로서 펀드구성 통화가 다양해질 수 있어 어느 정도 환율 변동에 따른 수익률의 변화에 대해 서로 상쇄시킬 수 있으나, 특정 지역이나 국가에 대한 펀드의 경우 환율 변동으로 인한 수익률 저하를 막기 위한 환헤지가 요구된다.

특정 프로젝트에 투자하는 해외 부동산펀드의 경우는 만기가 장기이고 유동성이 없는데 환헤지를 하는 경우 통상 환헤지 기간이 프로젝트의 만기보다 짧아 프로젝트 중간에 환헤지 계약을 갱신해야 하는데 이때 프로젝트 시작 때보다 원화가 평가절하된 경우에는 환헤지 정산금을 거래은행에 납부해야 된다. 또한 부동산가치가 하락한 경우 환헤지 포지션을 정리해야 한다는 위험이 있다.

(7) 펀드 정보의 제한

해외 펀드의 경우 투자자 개인이 해당 펀드의 투자자산을 조사하기에는 국내 펀드보다 시간적, 위치적으로 더 많은 제약사항이 있다. 결국 펀드 판매사로부터 제공되는 내용이 주요 정보원일 수밖에 없으며 결국 펀드운용회사 및 판매사의 전문성 및 신뢰성이 더욱 중요해진다.

선진국의 경우 금융시장이 발달한 현지에서 자금조달을 하지 못한 프로젝트는 위험이 높은 프로젝트일 가능성이 있는 반면 상대적으로 금융자본축적이 미미한 개발도상

국의 경우에는 금융시장이 미성숙해 사업성이 좋은 프로젝트가 많을 수 있으나 사회제도나 문화 환경 또한 정비되지 못해 사업진행과 자금 회수 등으로 인한 위험이 높다는 점에 주의해야 한다.

(8) 글로벌 신용경색 위험

해외 부동산펀드는 해당국의 경제상황과 밀접하게 연관되어 있을 뿐만 아니라, 글로벌 경제상황과도 밀접하게 연관되어 있다. 2007년 하반기 미국의 서브프라임 모기지사태로 발생한 금융경색 및 2008년 금융권의 부실로 인하여 전 세계적으로 유동성이 악화되었다. 이는 해외 펀드의 투자자산의 가치 하락을 주도하여 펀드 수익률을 하락시키는 결과를 초래하였다.

3 위험 관리방안

1) 펀드의 선택

해외 부동산펀드에 투자할 때는 어느 나라, 어떤 지역에 투자하는 상품인지를 잘 살펴야 하며, 해당 국가의 부동산 정보 및 경제성장률 등의 정보에 대해 사전에 파악하여야 한다. 또한 해외 펀드는 전 세계에 투자하는 펀드이기 때문에 해당국의 경제환경이나 환율 변동, 정치, 사회적인 문제 등 펀드 수익과 관련된 정보를 취득하기 어렵고 변동성도 커 위험이 크기 때문에 투자성과가 꾸준한 펀드를 선택하는 것이 중요하다.

2) 환위험

(1) 환헤지

해외 펀드의 경우 투자대상국 통화 기준으로 수익이 발생한다 하더라도 원화로 환산할 경우 수익률은 이와 다를 수 있다. 국내 자산운용회사가 운용하는 펀드는 펀드 내 환헤지를 하는 경우가 많으나, 역외펀드는 개인(투자자)이 환헤지를 해야 되는 경우가 많아 환율에 따른 위험이 존재한다. 따라서 역외펀드 가입 시에는 판매사를 통해 미리 환헤지를 하는 것을 고려해 볼 수 있다.

(2) 달러화 이외의 환헤지

국내 자산운용회사가 운용하는 펀드라도 미국 달러화로 투자하지 않는 경우, 예를 들자면 캐나다에 투자하는 사업인 경우 미국 달러화에 대해 환헤지 후 다시 미국 달러화와 캐나다 달러 간에 환헤지를 해야 완전한 환헤지가 가능하다. 그러나 비용이 과다한 관계로 미국 달러화에 대해서만 환헤지를 하는 경우가 있는데 캐나다 달러와 미국 달러가 동일한 방향으로 움직이지 않을 경우 환위험에 노출된다.

(3) 과도한 환헤지(Over Hedge)

투자라는 행위는 손실을 감수하기 때문에 미래 회수금액 역시 확정되지 않았음에도 불구하고 투자금액에 대해 FX Swap으로 환헤지를 하는 경우가 있는데 투자대상 부동산의 가치가 크게 하락한 경우 과도한 환헤지로 인해 위험이 증가할 수 있다. 때문에 환헤지 시에는 FX Swap보다는 Put Option 매입을 통한 환헤지가 적절하나 비용이 크다는 문제점이 있다.

(4) 기준가 변동

환헤지를 하는 경우 환율 변동에 무관하게 기준가가 유지되어야 함에도 불구하고 실제 환헤지 상품을 평가하는 실무상 펀드의 기준가가 변동하게 된다. 따라서 기준가가 일시적으로 투자원본 이하로 하회할 수 있으므로 이 점을 투자자에게 고지해야 한다.

(5) 위험의 전가

외환과 관련한 위험을 회피하기 위해 해외사업자에게 원화로 대출을 함으로써 환율 변동에 따른 위험을 해외사업자에게 전가하기도 하는데 해외사업자의 자본력이 충분치 않은 상황에서 이러한 금융구조는 위험을 전가했다고 하기보다는 환위험이 사업위험에 포함되어 더욱 위험한 프로젝트가 될 수 있으므로 주의해야 한다.

01 부동산펀드 중에서 외국의 대표적인 부동산 간접투자상품인 '리츠(REITs)'와 가장 유사한 부동산펀드는?

① 임대형 부동산펀드　　　　　② 개발형 부동산펀드

③ 증권형 부동산펀드　　　　　④ 대출형 부동산펀드

02 경공매형 부동산펀드에 대한 설명으로 가장 거리가 먼 것은?

① 저평가된 부동산에 투자하는 일종의 '가치투자형 부동산펀드'의 성격을 띠고 있다.

② 펀드자금의 모집 및 운용에 있어 일반적으로 '사전불특정형 방식(Blind방식)'을 취하고 있다.

③ 경공매 부동산시장이 과열되는 경우 경매 부동산에 대한 낙찰가율이 증가한다.

④ 일반적으로 펀드규모가 클수록 펀드의 수익률이 높아진다.

03 부동산 A와 부동산 B가 대체관계에 있는 경우, 부동산 B의 가격이 변화할 때 부동산 A의 수요량이 어느 정도 민감하게 변화하는지를 나타내는 수요의 탄력성은?

① 수요의 기대탄력성　　　　　② 수요의 호탄력성

③ 수요의 교차탄력성　　　　　④ 수요의 소득탄력성

해설

01　① 미국 등 외국의 대표적인 부동산 간접투자상품인 리츠(REITs:Real Estate Investment Trusts)는 대부분 자국 및 외국의 수익성 부동산을 대상으로 포트폴리오를 구성하고, 해당 수익성 부동산을 임대한 후 매각하는 형태로 운용되고 있으며, 우리나라의 부동산펀드 중 임대형 부동산펀드가 이러한 외국의 리츠에 가장 유사한 형태를 띠고 있다.

02　④ 경공매형 부동산펀드의 규모가 너무 크면 경공매 부동산을 펀드의 적정 수준까지 편입할 때까지 펀드 내 미운용자금(Idle Money)의 비중이 높아 펀드의 수익률이 상당기간 낮은 상태를 유지할 위험성이 있다.

03　③ 부동산 수요량의 변화율을 대체관계에 있는 부동산의 가격 변화율로 나눈 것이 수요의 교차탄력성 이다.

04   다음 중 정부의 부동산 정책들 중 부동산시장에 직접적으로 개입하는 정책은?
　　　① 대부비율의 조정　　　　　　　② 용도지역·지구의 지정
　　　③ 분양가상한제의 적용　　　　　④ 개발부담금의 징구

05   다음 중 부동산펀드가 부담하는 비용에 대한 설명으로 옳지 않은 것은?
　　　① 실물 부동산 투자에서 발생하는 비용을 모두 투자자가 부담하게 된다.
　　　② 부동산펀드 판매보수와 판매수수료를 모두 투자자가 부담한다.
　　　③ 부동산펀드 운용보수와 판매보수는 모두 순자산가치를 기준으로 산출된다.
　　　④ 투자자는 제반 수수료 외에 이익분배나 청산 시 부담하는 세금을 같이 고려해
　　　　야 한다.

06   다음 중 실물형 부동산 재무타당성 분석에 대한 설명으로 옳지 않은 것은?
　　　① 실물 부동산은 부동산 매입 자금을 자본금이나 차입금으로 조달 후 운영기간
　　　　동안 발생하는 임대료 수입으로 상환이 가능한지를 검토한다.
　　　② 부동산 담보대출이 사업계획에 반영된 경우 대출기관의 대출의향서 확인을 통
　　　　해 적절한지 점검한다.
　　　③ 1명의 임차인에 전체를 임대하는 경우에도 전차인들에 대해 분석이 필요하다.
　　　④ 노후 건물에 대한 일상적 수선유지비가 과거 대비 적절한지 검토하면 충분하다.

해설

04　③ 분양가 상한제는 부동산시장의 가격을 직접 규제하는 정책이다.
05　③ 부동산펀드의 운용보수는 순자산가치가 아닌 부동산 가액을 기준으로 부과되기도 한다.
06　④ 일상적 수선유지비뿐만 아니라 자본적 지출계획이 적절한지 검토해야 한다.

07 실물형 부동산펀드의 위험에 대한 설명으로 가장 거리가 먼 것은?

① 실물형 부동산은 차입금 등 각종 비용 이상을 임대료로 충당이 가능한 경우 원금손실 위험이 없다.

② 공실 위험이 존재한다.

③ 관리비나 보유와 관련된 제세공과금 위험이 있다.

④ 레버리지를 일으킨 경우 디폴트 위험이 존재한다.

08 대출형 부동산의 위험에 대한 설명으로 가장 거리가 먼 것은?

① 토지 소유권을 확보한 경우에도 명도와 관련한 위험이 존재한다.

② 인허가 위험이 존재하므로 신용도 있는 시공사의 채무인수가 필요하다.

③ 초기 분양률이 높으면 위험이 존재하지 않게 된다.

④ 분양위험에 노출된다.

09 다음 중 해외 부동산펀드의 환헤지와 관련한 설명으로 가장 옳은 것은?

① 투자기간이 10년으로 예상되는 해외 부동산 투자는 통상 FX Swap 환헤지 계약이 이보다 짧기 때문에 계약을 중간에 갱신해야 한다.

② 환헤지를 한 해외 부동산펀드에 있어서 신용위험은 차주와 해외 시공사로부터만 발생한다.

③ 해외투자라는 특성상 환율 변동으로 인한 수익률 저하 위험이 가장 크기 때문에 해외 부동산 집합투자기구는 환헤지를 반드시 기축통화인 달러로 해야 한다.

④ 환위험 회피를 위해 해외 시행사에 원화로 대출을 해주게 되면 사업위험을 낮추고 사업성을 높일 수 있다.

해설

07 ① 실물형 부동산은 Exit 시점의 매각금액에 따라 원금손실이 발생할 수 있다.

08 ③ 초기 분양률이 높으면 조기상환 위험에 직면한다.

09 ① FX Swap은 단기 환헤지 용도로 사용되거나 통상 3년 이하여서 계약을 중간에 갱신하게 된다.

정답 01 ① | 02 ④ | 03 ③ | 04 ③ | 05 ③ | 06 ④ | 07 ① | 08 ③ | 09 ①

금융투자전문인력 표준교재
펀드투자권유대행인 부동산펀드

2024년판 발행 2024년 2월 15일

편저   금융투자교육원
발행처 한국금융투자협회
        서울시 영등포구 의사당대로 143 전화(02)2003-9000 FAX(02)780-3483
발행인 서유석
제작 및 총판대행 (주)**박영사**
        서울특별시 금천구 가산디지털2로 53, 210호(가산동, 한라시그마밸리) 전화(02)733-6771 FAX(02)736-4818
등록   1959. 3. 11. 제300-1959-1호(倫)
홈페이지 한국금융투자협회 자격시험접수센터(https://license.kofia.or.kr)

정가 8,000원

ISBN 978-89-6050-748-7   13320